私のテレビ日記

清 水 ミ チ コ

幻冬舎文庫

私のテレビ日記

はじめに

この本をお手に取っていただき、ありがとうございます。「TV Bros.」という雑誌で連載していたエッセイを、こうしてまた一冊にまとめていただきました。

もともと大好きな雑誌だったので、二週間に一度の締め切りも間に合わなかったことは一度もありません。いつも書くのが楽しみで、私にとっては勝手にすくすくと成長してくれた子どものようなものです。煮詰まるような反抗期や病欠などもなく、まったく手がかからなかった育児のような連載でした。

1992年4月から2020年4月まで28年続いたのですが、生まれたばかりのころのアルバムを開いておりますと、まだ文章も幼く、粗削りな印象も受けます。しかしご列席の皆さん、結婚というものはそういった欠点も認めながら、高めあっていくものではないでしょうか。

この本はそんな連載をまとめた3冊目です。2013年1月から最終回までを収録し、すっかりお年頃となったこの末っ子も、こうしてめでたく、あなたのもとへと嫁ぐことになりました（押し売り）。

最後に〝大切な3つの袋〟についてお話ししたいと思います。胃袋はほどほどに、堪忍袋は大きめに、そしてレジ袋は控えめに（↑時事ネタ2020）。片目を瞑って、どうぞおおらかに娘を包んであげてください。

そして万が一、二人に別れの日が来ても、ブックオフなどへと別居せず、そっと本棚の片隅に置いていただけますように。

目次

2015

2016

2017

2018

2019-2020

2013

人気ドラマ『あまちゃん』に出演したり、ジブリ映画『風立ちぬ』のヒットでユーミン様のモノマネをすることが増えた2013年。芸能生活25年で初めて大寝坊して現場に遅刻したことも。今では年末年始恒例となった武道館ライブが始まったのもこの年からでした。

矢野顕子さんと一緒にツアーしてきました！

1月×日

毎年、年末に欠かさず観にいっている、矢野顕子さんの『さとがえるコンサート』。私は彼女の大ファンなのです。そして今回は『さとがえるコンサート2012〜清水ミチコとともに〜』というタイトルでした。なんと、私が一緒にツアーを。顔に出ないタイプだけど、めっちゃ興奮！　即座に空いてる時間にピアノを習い始めました。しかし不思議なもので、なぜだか練習すればするほど、緊張感が高まってくるのです。恐怖へと登っていく道を歩いているような。これではいかん、緊張したら、矢野さんはおろかお客さんに迷惑がかかってしまう。しかも時間がないぞ、と思い、精神的な本や瞑想本などを探して、書店では迷わず「癒し」のコーナーへ。感動しやすいという弱点を効果的に利用しました。にしても、こういう本がたくさん売られていることに驚き。啓発本も多い。さすが現代人です。若者ほどメンタルが華奢なカンジ。ポキ。そして私は（だいたいピアノの天才の前で弾くなんて、どうあがいてもしょうがないじゃねえか）と、そっちに期待せずに、矢野さんに気負けしない姿だけをイメージ。えらいもんで本番ではとても楽しめました。尊敬の念も時には邪魔なものですねえ。

1月×日

視聴率って不思議。紅白でも「この人が出た瞬間、一気に上がった！」とか、サッカーでも「ゴールの瞬間30％！」とか、なんでみんな（今だぞ）ってわかるもんなんだろう。常にザッピングしてるとか、一画面にたくさんのチャンネルが映るっていう、あの方法で観てる人もいるのかな。三谷幸喜さんに聞いたら、「そのチャンネルに合わせた、という数ではなくて、いかにそこからチャンネルの移動をしなかったか、を測るのが視聴率」なのだそうだ。そう言われてもよくわからない。三谷さんも「ああっ、うまく言えない！」とおっしゃってました。

あなたの肌質は？　から始まる化粧品蟻地獄問答

1月×日

久々に化粧品を買いにいったら、「あなたの肌質はどんなタイプですか？」と聞かれました。「乾燥肌？　脂性肌？」なんて軽いカンジ。「そうですねえ～」なんて言ってみる。恥ずかしいけど、私は昔っからわからないままで生きてきた。自分の肌は乾燥しがちなのか、脂っぽいのか、はたまたメラニンに弱いのか。知るわけがない。だって平均を知らないんだもん。一度こう言ってみたい。「日によって違いますね。そういうもんじゃないですか？」。これが正直な答えだと思う。「あなたこそ、プロなんだから教えてくださいよ。私はどっちだと思いますか？」とも聞いてみたい。しかし、聞いたら最後「ではスキンチェックをしてみましょう」となるに決まっているのだ。そしてきっと私はそのミクロな映像を見て、ショックを受けるだろう。「うわ……」。絶句する私にこう笑顔で言うね。「ね、気がつかないだけで、肌ってこんなに傷んでいるんですよ」。優しい言葉にふと心を押される。「私って、こんなにブツブツしてる肌なんですか……」。敵はかぶせ気味にこう言う。「失礼ですけど、普段はどんな石鹸を使われていますか？」「えっと、えっと」うまく答えられない。試供品の残りが頭に浮かんで「何だっけな、普通の洗顔の……」などと言葉を濁す。「こちらなんかですと」と商品を見せられる。ほら見ろ。ま、これを買ったら引き下がるだろう。「じゃあこれ1つだけください（だけ、は強めに）」「ではこちらと一緒に使う石鹸がこちらです」え、石鹸じゃなかったの？　これ、クレンジングだったの？　6000円もするのに？　まずいぞ。じゃ、2つだけね。しかしそのあとヤツは強気に出てくる。自信がついたらしい。「化粧水なんですが」ときて、その後乳液、クリーム、アイクリーム、とスキンケア製品が続出。だから最初に「肌だけは強いです」と答えを用意しておくべきなのであった。

並んでるとき、あなたは何をしてますか？

1月×日

ふと広げた新聞に、こんな記事が掲載されてました。ラーメン屋さんなど、評判のお店の行列に並ぶのに、なんと昔よりも今のほうが、人のストレスは減っているんだとか。

えっ？　減ってる？　読み間違いかと思ったほどです。最近の人はカルシウム不足ですぐキレる、とかってよく聞くのに。行列にはイラ立ってないの？　しかし書いてあった理由を読んで、すぐさま納得でした。最近は誰もが待ってる間、スマホでゲームなどをする割合が増えたから、だそうです。単純。確かに、待たされることの何が辛いって、あのだら～んとしたタイクツさに尽きますよね。文字を読みながら、ゲームをしながらだったら、充実して時は過ぎ、ノンストレスに近い状態なのでしょう。白昼堂々、おおっぴらにゲームが楽しめる口実としても、最強のアイテムかもしれません。逆にスマホを持ってなかった時代は、どうやって凌いでたんだっけ、とも思えてきます。しかし、そのせいでしょうか。ここ最近（携帯をなくしたかも？）というときの気持ちの不安やおろおろ加減たるや、昔よりずっと絶望的です。たちまち人生に暗雲立ち込めるのがわかり、ストレスは増大。きっといくら楽しみにしていたお店に着席できたところで、おそらくもう料理の味もしなくなっていることでしょう。そして高まるのは動悸だけ。そうです。いつのまにか携帯は、完全に私たちのライフラインはおろか、家族に近い存在、いや、もはやすでにあれは半分自分であるのかもしれません。チーン。

1月×日

大竹しのぶさんとラジオでご一緒。「自分でもかわいいって思ってますよね？」と、意地悪を言ったら、普通は即否定しがちなもんなのに「う〜ん。小さいころ、父親に女の子なんだから、人に愛されないといけないよって、言われてきたかなあ〜」だって。かわいい……。

この辺においしいお店、ありますか？

2月×日

仕事で宮崎へ。夜中にちょっとお腹が空いたので、（どれ、珍しく一人でごはんを食べてみるか。フフフ）と、そっとホテルを抜け出しました。ちょっと冒険。でも小心者なので、まずはフロントで聞きました。ちゃんと保険をかけるところがおばちゃんの冒険です。誰がおばちゃんだ。「この辺においしい店、ありますか？」。すると、フロントの若い男性が「ございます！」。そして言いにくそうに、こう続けました。「あのう、個人的にオススメなラーメンでもいいですか？　ジブン、ものすごくここのファンでして」「もちろん！　うれしいです！」。やっぱり一人っていいな。地元の人との触れ合いをなくして何が旅だろうか。「この路地を入って、4軒目のここです」などと、地図で説明してくれる彼。「サッポロラーメンなんですけどね」。（え。宮崎に来て、北海道のラーメン？）それが顔に出てたのでしょうか。きょとん、という音がしたのでしょうか。かぶせ気味に「騙されたと思って、試してほしいんです！」。これだから一人はイヤだよなあ。人からの押しに弱腰になってる……迷いました。宮崎に来たばかり！　という〝せっかくさ〟を優先か、旅の道連れに個人的な情熱をもらうか。「お客様、特にオススメは塩バターです（ニコニコ）」。ええー。具体的なメニューまで言う？　結局、私は北海道に足を向けることにしました。もちろん塩バターをオーダー。確かにおいしかったです。食べながら私は、昔もこんなことがあったのを思い出しました。長崎で知り合った女の子に「この辺でちゃんぽんのおいしい店ある？」と聞いたら、「騙されたと思って、すぐそこにある〝リンガーハット〟に行ってみてください。皆さん絶対笑うけど、そこの店舗だけは特別なんです」と真剣な目。でも、その時はどうしてもその店に入る勇気がなかったのでした。

ナイツのお二人と漫才初体験！　IN浅草・東洋館

2月×日

ナイツの二人と私の3人で、漫才をやることになりました。突然の初体験IN浅草・東洋館（ビートたけしさんが昔、エレベーターボーイをやっていた、元フランス座）。ナイツと私とはこのところずっと『ラジオビバリー昼ズ』でご一緒しており、気も合うので、怖い反面、なんとなくスリリングな楽しみもあったりしました。こういう芸事って、なんにしてもあんまり大好きすぎたりするとかえって緊張し、尻ごみしてしまいがちなのですが、なんとかヘビに怖じず、ということわざどおり、それほどその世界に詳しくないという人のほうがピリピリせず、案外落ち着いてできるもの。と、いいことなのか悪いことなのか、ともかく先人から漏れ聞いた本音的な言葉を思い出しつつ、リハーサルなど。頼まれた時間は15分でしたが、いざ呼吸を合わせてやってみたらば13分ほど。まあ、なんとピッタリではないですか。「リハでこれなら、本番で15分は楽勝じゃない？」「拍手や笑い声の間合いも出るだろうし」「20分くらいやったりして」「ハハハハ！」。そして本番当日。立ち見の方もいらっしゃるほど満席の会場はすでに盛り上がっていました。もちろん私たちも張り切り、正直（ウケてるぞ〜！）と、実感。ところが、本番が終わってふと時計を見上げたとき、見間違いかと思いました。10分ほどしか経ってなかったのです。どうやらいつの間にかスピードを出しあってしまったらしい。音楽でも緊張するとテンポが「速く」なりがちなんだそうで、うっかり「遅くなる」なんてことはありえないらしいですね。焦りはスピードに出るのでしょう。偉そうなこと言って、さすがに緊張してたんですねえ、などと3人で笑いました。しかしながら、あの場所であんな快感を共有でき、充実した時間でした。そして、靴を脱ぎ、靴下のまま舞台に立ったことも、貴重な体験だったのでした。

北枕にすると安眠できる!?　試してみました

3月×日

ネタのDVDを制作しました。タイトルは『私という他人（UNKNOWN ME）』。ライブDVDはこれまでもあったのですが、ちゃんとスタジオでイチから作るのは初めて。1月の前半までにネタを書き、中旬に撮影、そこから2月いっぱいまでが編集。編集って、こんなに時間がかかるのかよう……。やりなれないことをしたせいか、なかなか「ああよく眠った！」という気がしない日々。神経は疲労してるはずなのに、やだなあ。もしかして枕がダメなんじゃや、と思い、枕を買いに伊勢丹へ。そうしたら枕売り場で、こんな女性二人の立ち話を聞いてしまいました。女A「眠れないんだったらさ、北枕にしてみなさいよ」、女B「縁起悪いじゃない」、女A「あれ、迷信らしいわよ。騙されたと思ってやってごらんなさいよ。すっごく眠れんだから」。へぇえ！　私はすっかり感心し、立ち聞きをしたくせにAさんにお礼を言いたいほどでした。東南を向いて寝てた私は、早速ベッドの頭を北に移動して就寝。そして翌朝。爆睡感GET。すやすや眠れた、カンゲキ、と友達に話したら、「地球のエネルギーってものが、いつも北の方向へと回っているから、北に頭を置くのは理にかなってるらしいよ」と、知的な言葉で背中をまた押されました。皆さんもお試しあれ。ではおやすみなさい。あ、そうじゃない。お試ししてほしいのはDVDですよ。モノマネだけでなく、コントやパロディなど、私の世界を、ぜひ楽しんでみてくださいね。

3月×日

テレビで東野幸治さんがふと言い放ってた「関西にはもともとモノマネの文化がないねん」が、印象に残りました。モノマネにも場所による文化圏があるだなんて、不思議なものです。きっと久しく圏外だったんですね。今もそうなのかな。こういう、言われてみたら実感できる芸能ネタを、もっと知りたいところです。

巨匠がズラリ！　気後れするほど豪華な結婚式！

3月×日

友人の高平みくちゃんの結婚式に出席しました。ところが列席者があまりに豪華で気後れしました。なんだこの賑わいは。滅多にお目にかかれない巨匠が、重鎮が、ズラリと並んでいるではないですか。タモリさん、山下洋輔さん、筒井康隆さん、大林宣彦さん、浅井慎平さん、野田秀樹さんなどなど。一人一人拍手したい。しばらくして落ち着いたところで柴田理恵さんに付き合ってもらい、タモリさんや山下さんに挨拶にいきました。そしたら「紹介するよ。こちら渡辺貞夫さん」。わあああ。しかも「僕あなたのファンです」とのお言葉。実家の父親に聞かせたかった。ありがとう、みくちゃん。さすが高平哲郎さん（演出家）の娘さん。水前寺清子さんの生歌やシャンソン。団しん也さんによる落語家のモノマネスピーチ、ミュージシャン全員でのフリージャズなど、豪華極まる2時間で、不景気なんて飛んじゃった一日でした。そして最後の新郎新婦のスピーチ。私は泣くかと思ったのだけど、「今日は、いくらお金を出しても来てはいただけない皆さんだというのに、お金を出してくださりながらこんなに集まっていただき、ありがとうございました」。会場爆笑。

3月×日

スチャダラパーの3人とご一緒しました。お菓子をつまみながらダラダラとしゃべっていたのですが、シンコさんが「グループ魂に、中村屋！　ってしつこく掛け声をかけるネタがあるじゃん？」と言います。「あれ、何度聴いてもウケるよね」と私。「でも、こないだ、テレビでお葬式の中継をやってたんだけど、成田屋っ！　ていう掛け声、やっぱさすがだった。本物は違うんだなって、俺は思ったんだ」。当たり前だ馬鹿、と言われながらも「こういう感じ。成田屋っ！　成田屋っ！」と、まじめに連呼してくれるシンコさんにじわじわ笑ってしまいました。

ミッちゃんや！　警官がいきなり私に回し蹴りを！

4月×日

私と八嶋智人さんとでナレーションをしていたBS日テレ『ワンダーエアポート』という番組が終わることになってしまい、残念。最初は、世界の空港に焦点を絞った番組なんて、正直「つ、続くわけない！」と思ってたのですが、2年も継続。丁寧かつユニークに取り組んでくれたスタッフさんのおかげであります。ありがとうございました。

それにしても私の場合、若干の責任感のなさで仕事に挑むと、なぜかお褒めの言葉をいただけます。若いころはこれでもなかなか力が抜けませんでした。「やらねば！」という強迫観念が自然と人にも伝わって、かえって息苦しいものにしてしまうのでしょうか。そう考えると、昔のお客さんに謝りたいほどです。

4月×日

フジの『大日本アカン警察』に出演。ダウンタウンの二人とはずいぶん久しぶりだったのですが、本番前〝たまり〟と呼ばれる、テーブルにお菓子やなんかが置いてあるところで「ちわ」と、浜ちゃんに声をかけたら「あっ！　ミッちゃんや！」と驚かれました。そしてあっという間に、思いっきり回し蹴りをされてました。親にもされたことのない回し蹴り。周りのみんなもクスクス笑ってましたが、本人、暴力を取り締まるはずの警官の格好で高笑い、という構図です。呆れました。なんという変わってなさでしょう。

4月×日

「ＣＵＴ」という雑誌の撮影で、根津に行ってきました。編集者の皆さん、オシャレで優しげで圧がなく、（あら。もしかしたら雑誌と編集者って体質が似てくるのかしら）などと思いました。「婦人公論」の編集者はやはり、女性の目線でいろいろ考えてるようにお見受けするし、「ＧＩＮＺＡ」はオシャレで都会的、「ＴＶ Ｂｒｏｓ．」編集者はやっぱり、明るくて面白い。かつプライド低めで多少気が弱い。と見た。

オレぁやだよ！　地獄のタクシーへようこそ

4月×日

とても運の悪い一日の話。収録に行こうとしたらものすごい渋滞で、どうやら事故があった模様。「とりあえず車を降りて、一人で電車で向かってください」とマネージャー田中。へーい。今振り返れば、ここまではまだよかったのかも。いざ、スタジオの最寄りの駅についてタクシーを止めたら、なんとなく妙。うまく言えないけど、ドライバーさんが妙。怖い。こんなことは初めてだ。「○○スタジオまでお願いします」「……」。おっかないカンジの空気。でも本番に間に合うかってほうがもっと心配。しかし無事に車はスタジオ前に到着。「すみませんが、この先に係の人がいるので、そこまで車をつけてくださいますか？」と聞いたら「ここまでっ！」(ドア開けられる)。その言い方にも自信というか強い威厳があり、びっくりしてしまった私は、焦って「あっ！　はいっ！」と歯切れのいい、ベストな返事をし、逃げるように降りました(個性的な人もいるもんだな……)。そして到着した楽屋で、私は異変に気がつきました。ドライバーさんのおっかなさに気が動転し、車内にかけておいた本番用の服を車に置いてきてしまったのでした。自分のバカ！　どれだけ己を呪ったことか。とりあえず本番は、私服で出ました。そして夕方。先ほどの個人タクシーのドライバーさんに電話。「さっき、うっかり忘れものをした者ですが、急ぎでなくていいので、そのうち着払いで届けてもらえますか？」「ええ？　そんな面倒なことはやだよ。オレはいつも××駅にいるから、××駅に来てよ」。ウソだろ……。「それかもうオレ、あと数時間で帰宅するから、ウチまで取りにきて」とのこと。困った。行くの怖い。そこでひらめいたのが、マネージャー田中。「バイク便に頼みましょう」。そしたらあっという間に届けてくれ、一件落着。超クール！　ありがとうバイク便のお兄さん！

この秘策で自信がない人も最強モードに！

5月×日

野音のイベント『Ｗａｔｃｈｉｎｇ Ｔｈｅ Ｓｋｙ』に出てきました。ナオンの野音ですよ。古いか。私の出番の次がくるりの岸田さんで、交代のときに『シャツを洗えば』を一緒に歌わせていただきました。うれしかったー。ありがとう岸田さん。いけしゃあしゃあと、気持ちよく洗えました。ユーミンさんのモノマネしてるときの私は、ほぼ無敵で、本当に自分が強くなれてる錯覚を覚えます。そこで私は思いました。自信がないというタイプの人は、自信をつけようと無理に頑張るのではなく、まずは自信が溢れてる人のモノマネから始めてみたほうが、いっそ早いんじゃないかと。今すぐ自信が欲しい！　ってときの応急処置にいかがでしょう。

5月×日

ゴールデンボンバーの鬼龍院翔さんとご一緒しました。噂どおり、本当に骨格や顔のパーツの配置が私とソックリに思え、しげしげと眺めながら話す二人の姿は、まるでカガミ越しのようでした。あ、ちょっと盛りました。翌日、いただいたライブＤＶＤを観たら、その身体のキレ、作詞作曲の能力、お笑い芸人の名残のような腰の低さ、サービス精神など、ご本人の芸能大好きパワーに、すっかり感動してしまいました。ここは盛ってません。

5月×日

ライブツアー『清水ミチコのお楽しみ会２０１３』が始まりました。もちろん私も芸能が大好きなタイプなので、張り切っています。ところで最近リリースしたＤＶＤ『私という他人』の中に出てくる、轟寿々帆（トドロキスズホ）という、宝塚の男役っぽい架空のキャラクターの人気がなぜか高まり、ライブ会場で販売している彼女のサイン入りクリアファイルも大人気に。有名人のモノマネも好きですが、勝手に作った自分の中の異常な人物って、自分でも大好きです。読者の皆々様とも、ぜひいつかお目にかかれますように。↑轟寿々帆でウインクしながら。

愛するものをマネしたがる、それが人間

5月×日

洋服を買ってたら、店員さんが「あっ、清水ミチコさんだ～！」と明るい声。小さな声でこそっと挨拶し、また買い物に集中。「こないだもウチに来てましたよね～。プライベートだと思って黙ってたんです！　緊張するぅ～」とのこと。（あれ、まだしゃべ

ってこられる……）でした。奥から出てきた別の店員さんにも「ねえ、清水ミチコさんだよ！」など、屈託のないカンジ。ほかのお客さんはいたって興味なさそうだし、ちょっと戸惑いました。帰り道、つくづくこの「ショップ店員さんの個性の違い」を考えました。前もかわいい系のショップ店員さんは声の出し方まで同じくこんな風だったのです。しかし、いつかイタズラに入った、もっと安っぽいというか、面白い感じのお店だと、「あ〜、清水ミチコ？　ジブン、ファンなんっすよお〜！　モノマネ聞いてもらっていいすかあ〜？（一人で爆笑）」と、はしゃぎながらも積極的。だけど、コム・デ・ギャルソンなんかだとまったく無視で、スルスル・スルー。店内のお客さんに（あっ！）というような世界的シンガーを発見しても、店員さんはそれでも平等にスルスル・スルー。そしてお会計でニッコリ。みたいな。洋服のテイストは、店員さんそのもの。人間、愛するものをマネしたがる、と聞いたことがあるのですが、店員さんはそのショップの洋服を愛してる。だから、どうしても洋服に似てくる。もし洋服が口をきいたら、店員さんにそっくりなのではないでしょうか。ギャルソンが知的なら、きっとD&Gはリッチで細身、声低め。ミュウミュウは明るいお嬢様。アニエスベーは学生時代に勉強してた。ヴィヴィアン・ウエストウッドはキチンとしながら若干ビッチなガラガラ声。ユニクロは個性控えめで、働き者。そう考えると、楽しみが広がりそうです。店は人なり、なのではなく、人は店に簡単に似てくるもの。前回は雑誌と編集者でしたが、きっと私に限らず、誰もがモノマネ芸人なんですね（苦情殺到中）。

これほど飛行機が待ち遠しかったことはありません

6月×日

この業界で仕事をするようになって、ほぼ25年。先日まさかの、初めての大失敗をしてしまいました。私は翌朝が早いなんてとき、（明日は早起きだ）と思うとなかなか眠れない性分なのですが、この夜がそうでした。なので、買っておいた睡眠導入剤を飲んで寝ようじゃないか、と目論みました。使用法に「1回2錠」と書いてあったのですが、（もし効きすぎたら）と思うとなんだか恐いので、半分の1錠だけ飲んでみることに。そして翌朝、マネージャーの電話で目が覚めた私はものすごく驚きました。「え、どうしたの？　あっ！　今何時？　えっ？　6時？」そうです大遅刻です。パニックです。もう空港に着いてなきゃいけない時間なのに。一瞬で白髪になったんじゃないか、と思ったくらい、ゾッとしました。そして喉が渇きました。「すぐ行きますんで！」と電話口に向かって叫んだあと、恐ろしく変な組み合わせの格好で、家を飛び出しました。タクシーに乗って、マネージャーに電話してみると、「その次のフライトは、残念ながら3時間後しかないそうです。今急いで来てもらってもしょうがないので、慌てないで大丈夫です」とのこと。わあああ。慌てたいのよう。慌てることで自分の罪を浄化したいのよう。落ち着けないよお〜！　でした。とほほほほ。スタッフさんは「他のメンバーでロケを進めてますから大丈夫です」と優しい言葉をかけてくれました。そのメンバーというのは、光浦靖子さん、椿鬼奴さん、ハリセンボン春菜さん。私がいなくとも、もちろん安心です。しかしそれにしても、いったいどう謝ったらいいんだろう。ため息だけが無駄に出ます。いや、いくら謝ってもカメラ前だと逆につまらんか。いっそここはでかい態度で出たほうが？　などと想像。そしてため息。とにかく空港で、これほど飛行機が待ち遠しかったことはありませんでした。

6月×日

ライブで広島に行ってきました。前日入りだったので、観光を兼ねて、マネージャーらと安芸の宮島まで足を延ばしたときのことです。フェリーに乗ると、大画面のテレビがありました。さすが地元民は、美しい海の景色にはもう慣れてるのか、それとも寒かったからなのか、その日は誰もが視線はテレビに集中していました。さて、画面では郷ひろみさんが歌っていたのですが、それを見た高校生の若い女の子が「あっ、郷ひろみ！」と言いながら、画面に近づき、うっとり眺めるではありませんか。そして「超カッコいい！　顔が好き！　結婚したいなあ」と、友達に言ってたので、びっくりしました。びっくり、というのは、もちろん郷ひろみ＝カッコいい、のは間違いのない図式なのですが、こんな若い子までがグッときてる、というところ。ここに改めて驚きました。そんな私を尻目に、彼女ははしゃぎながら画面を指差して、またこう言いました。「郷ひろみってえ、ウチのおじいちゃんの2コ下なの～！」。2歳違い？　おじいちゃんの？

「恋愛に年齢なんか関係ない」というような言葉はよく耳にします。しかし、年寄りのほうが先にこれを口に出すと、どこか強がりや見栄を感じさせるのに、若い人のほうから言わせるなんて、本当にすごいフェロモンなんですねえ。私はもう一度、新たな気持ちになって、画面の郷ひろみさんの顔を見ました。長年テレビで見てきたはずの彼の笑顔。だからこそ私の年代などはいつの間にか視覚に慣れが生じてしまい、鈍感になってたのかもしれません。美しい海の景色に慣れてしまうのと同じで、いつもある、と思うと驚きが薄れるのでしょうか。考えてみれば、いまだに「新曲が出たので」と言ってテレビで歌を披露する、というスタンスで続けられているというのもすごい話なんですよねえ。単に若いわね〜、じゃないのでしょうね。大変勉強になりました。

催眠術で親友を生まれる前の姿に!

7月×日

ある撮影があり、糸井重里さんとお会いしました。その時、「昔に私が読んだ、この話の主人公って糸井さんですよね?」と、ずっと聞きたかった確認をしました。話というのはこうです。Aという男性がいました。彼は催眠術の本を、イタズラに通信販売で購入してみました。それを読み終えると、実践したくてたまらなくなり、友達に頼んで、かけてみることにしたのです。友達を椅子に座らせてから「はい。あなたはだんだん高校生に戻っていく〜」。すると、なんだかちょっとそういう感じの雰囲気になったそうです。これが面白くなったAは、次に「あなたはだんだん小学生にな〜る」と言ってみました。そしたらまた、本当に少年のような顔つきになってきた、と。さらに「あなたはだんだん5歳のころの状態に戻〜る」とやってみると、幼稚な声になって、言葉もたどたどしい様子に。そしていよいよ「あなたはだんだん赤ちゃんにな〜る」とやってみたところ、なんと泣き始めたそうなのです。これで、今回の実験大成功！として、普通なら止めそうなものです。しかし、Aはさらに「あなたは赤ちゃんの、その前の姿になる〜」と言ったというのです。そうしたら、なんということでしょう。〝眠ってしまいました〞という予想できそうな姿ではなく、彼はなんと、「寒い、寒い」と、ブルブル震え始めたというのです。ここで急に怖くなったAは、慌てて催眠術を解いた、という。Aは糸井さんご本人で、当時の親友にかけたんだそうです。急に寒がった、という親友の姿が一番怖い。人間、生まれる前は本当は寒いもんなんだろうか、などと思ったり、一枚隔てたすぐそこにある、未知の世界がちょっと見えちゃったかのような畏怖も感じます。あと催眠術って、ヘタすると本当にできちゃうんだな、という実感も若干スリルですよね。

妙に軽ーいインタビュアーだなと思ったら……

7月×日

朝から晩までごちゃごちゃ忙しかったある日、電話インタビューがありました。もともと苦手。初対面の人に、自分のことを語るという不自然さ。正直、(そこそこ)といったカンジで明るくしとけ、みたいなムードが勝手に自分の中に発生します。事務所内で受話器を取った私。話し出した相手の男性がまた、まるでラジオのような軽ーいカンジ。いるのねえ……DJみたいなタイプって。初対面なのに、フレンドリーというか、明るさのジャケットを羽織ったかのような話しぶり。ヘキエキ。私は自分の声のトーンで、常識人をアピールしました。「お互いまずは落ち着いてから、話をしましょう」というムード。こうすることで、まずは真っ当に心を通い合わせましょうや。ぼそぼそぼそぼそ……。しかし、どうもイマイチ伝わってない。私が一方的にゴキゲンナナメ、みたいな。そして次の瞬間、私の頭は真っ白になりました。その方はこう言ったのです。

「わかりました。それでは最後に、清水さんご本人から、ラジオを聴いてる皆さんにメッセージを！」。えええええ？　これ、ラジオだったのっ!?　急に動悸がし、眉毛が吊り上がりました。口から泡が出ました。鼻毛が伸びました。そのくらい最悪。そりゃラジオみたいな軽快な口調で話し出すわ、ＤＪなんだから。しかし、時すでに遅し。でも、あんまり急にテンション高めるのもおかしい。バレバレです。結局そのトーンの声で、せめて口元だけ上げたような話し方で、「えー、もろもろよろしくでーす」みたいなカンジで、愛嬌も面白味もないタレント、という風で終わったのでした。電話インタビューには間違いないけど、ラジオだというのは把握してなかったという、むごい経験。凍りついたあの一瞬は、いまだに忘れられません。まったく恐ろしい体験があったものでした。その方にはもう、謝る勇気もなく、一生合わせる顔がないのです。

豪華セットを前に、心はたちまち徹子さんに！

7月×日

ＮＨＫ『あまちゃん』に出ました。『ザ・ベストテン』の黒柳徹子さんを彷彿とさせるカンジ。「有名司会者を演じてほしいのであって、ギリモノマネにならないラインで」

「じゃあ、あんまり似せないモノマネ、みたいな？」「ああそうですね」ってな風に会話しながら、メイク室へ。相手役の糸井重里さんと二人でセリフの練習。この時も（モノマネにならず、抑えめに）なんて思いつつ。でも、スタジオに行ったらあの『ザ・ベストテン』ソックリな豪華セット（ミラーの扉の隣に、あのパタパタの順位表）があって、一瞬で（ワーッ！）てなっちゃって、心はたちまち徹子さんになってしまいました。こういうことってよくあるよね（ないわ）。どうしてもなりたい！ってカンジ。休憩中、小泉今日子さんがそのセットの裏に回り、ミラー扉から登場シーンをやってくれ、私もちょっと司会したりして、スタッフさんからもわーっと声が上がりました。なんでこんなにうれしいものなんでしょうか。あとから聞けば、なんでもスタッフがこの役は誰にしようかと話してたところ、「清水さんがいいんじゃない？　久米さん役は〜、糸井重里さんとか？」と、オシてくださったのも、小泉さんだったとのこと。まさにあなたに会えてよかった。撮影終了後、ケータイで撮った自分の顔の写真を、黒柳さんご本人に送りました。「わあ、ソックリ！　あまちゃんに出るのー？　いついつ？　見たい見たい。マダム・タッソーより似てる〜！」とのことでした。すぐに「マダム・タッソー」というワードが出てくるあたり、さすが本物！（当たり前か）と、ちょっと笑ってしまいましたが、毎度絶対怒ったりなさいません。ありがたいことです。思えばこの7月はたまたまですが、『徹子の部屋』にもゲストで出ておりました。我ながら、盗みに入り、そのままその家でのうのうと暮らしていた、という図太い犯人のようです。

続きはウェブで、改め、お先にウェブで

8月×日

日テレ『熱唱！歌まね自慢』に出ました。モノマネ上手な一般の方の歌を聴いて、優勝者を決めるという番組。司会は柳原可奈子さんで、ゲスト枠はコロッケさん、松村邦洋さん、原口あきまささんと私でした。そこまではいたって普通。ノーマル。しかし決定的に変わってるのは、この収録の模様を、すべてニコニコ動画で先に閲覧させちゃうところです。編集前にテレビより先に全部を観せちゃうのって、かなり斬新ではないでしょうか。結果ももちろんそのままわかっちゃう、はまだしも、事故があってもそのまま流れる。おおおお。今回はそれを実験的にやってみるとのことでした。流れてくる文字には、まだ若干のタイムラグがあったようでしたが、柳原さんが実際の文字を読んだ

りするので、書き込みをするほうも楽しいだろうなと思われました。言葉がハードで怖いときもあるけど、上手な歌にはパチパチパチパチという拍手を表す「８８８８」が延々流れてきたり、笑えるネタには「ｗｗｗｗｗ」がいっせいにたくさん流れてきた光景は、くだらないようで、結構観てる側の気持ちもひとつになるもんなんだなあ、と、のんきに思えてきました。それにしてもテレビが変わりつつある、とは聞いたことがありましたが、ネットで先に観れちゃうとは、あのコ最近本当に変わったんだわ、と実感しました。

8月×日

今年も、日本の夏の風物詩、野沢直子が帰ってきました。番組でご一緒したり、ごはんやお芝居を観にいったり。変わってない。でも、これだけ長年海外で暮らしてても、いまだにちゃんと日本の番組でニーズがあるって、カッコいいなー。しかも今回は1カ月半も浜田雅功邸で無料居候生活。普通できません。先日は私のお古を着てちゃっかり番組に出てました。ドキュメンタリーとしても最強のオリジナリティライフ。デタラメａｓ ＮＯ．１！

ナイツの二人＋私のトリオでお届けしてます

8月×日

もう20年は続いてるであろう、ニッポン放送のレギュラー『ラジオビバリー昼ズ』。高田文夫センセイの完全復帰を期待しながらも、最近は私とナイツとのトリオが続いています。たとえ思いつきで話し始めても、ふわ〜っとふくらんだり、転がったかと思うと、すぐハレツしたり、と、会話の紙風船のような（古い）昼間のラジオというもの、やはりどこか人を気楽にさせるメディアです。先週は私の『あまちゃん』の天野アキのモノマネ（ヘタウマ）に、ふと土屋くんが種市先輩で絡んでくれたのが意外とソックリで、ラッキーなヒットになりました。私のもともとの地声が、たまたま美保純さんに似てることから、美寿々さんで「ねぇ、アタシと駆け落ちしない？」も小ヒット。あまちゃん連打を達成。黒柳さんの司会も入れちゃう？　と思ってたところに、ナイツの塙さんが太巻さんで絡んできたのですが、そのあまりの完成度の低さにたじろぎました。しかし、なぜか一番ウケてて、似せてもないのにおかしいなんて、芸能とは皮肉なものですな。さて、そんな塙さんからCM中に聞いた話です。週末、新幹線に乗っていた塙さん。ふと見ると、自分の席のすぐ近くに、佐伯チズさんがいらっしゃることに気がついたそうです。佐伯チズさんといえば美肌の研究家。早速挨拶をしがてら「わあ〜、さすがお肌キレイですね。やっぱりツルツルでいらっしゃいますねー」と言ったところ、驚いたことに佐伯さんは「はあ？　あなた、いったい何なの？？」と、後半からまるで（奇妙な人）を見るかのような対応だったそうです。お互いポカーン。しかし塙さんはそのあと気がついたのです。佐伯チズさんじゃないぞと。間違いなく金美齢さんだったぞと。「似てますよね」だって。めちゃウケた。こういう時は似てるほどおかしいものだから、世の中も皮肉なものです。

陰に隠れながらひっそり生きる生き物たち

9月×日

『ダウンタウンDX』に野沢直子ちゃんと出演。なんとその前日の夜はウンナンのナンチャンと彼女の3人で飲んでいたので、これであとウッチャンがいたら『夢で逢えたら』メンバーじゃん！　でした。ウッチャンとは奇しくもその週のＴＶ Ｂｒｏｓ．の表紙でお会いできましたが。さて、夏休みの1カ月半を、浜田雅功・小川菜摘夫妻の自宅でのうのうと居候生活で暮らす彼女。「よくできるなあ〜」と口では言うものの、図々しさでは実は咎めることができない私。なぜなら私も1週間ほど、所ジョージさんの別荘をまたレンタルしてたからであります。大物の陰に隠れながら、ひっそり生活する生き物たち。直子ちゃんとは何度か一緒に遊んだこの夏休みでしたが、先日アメリカに帰ってしまいました。成田から発ったその晩は、たまたま都内の気温が低く、まさに夏の終わりでした。

9月×日

新木場でのフェス『ワールドハピネス』に、私も参加。いい時代が来たわあ〜。自分のパートのラストは、矢野さんご本人とＷ矢野顕子として、弾き語りまでさせてもらえました。ありがたき幸せ。大物の陰に隠れながらひっそり生活する生き物シリーズ・ＰＡＲＴ2です。「フェスに出ます」と人に言うとき、「フェス」の言い方は「フェ」を低く、「ス」を高くして慣れた感じをかもしてます。しかし気を抜くとすぐに「バカ」という発音のように「ス」が下ってしまいます。

9月×日

『24時間テレビ』の日、NHKのさまぁ～ずさんの番組収録へ。席に座ったら、私の隣は徳光和夫さんでした。え？　とととと、徳光さん？　二度見しました。ついつい勝手に（24時間テレビといえば24時間タレントもその現場にいるもの）と思っちゃった。さまぁ～ずさんは、「わ。なんか徳光さんが今ここにいるの変」と彼らしい言い方をしてました。

いつから人は先輩になるのだろう

9月×日

妙な話ですが、この秋はジブリ映画『風立ちぬ』が大ヒットしたおかげで、その主題歌『ひこうき雲』を歌うことが多くなりました。例年、ユーミン様がヒットを出せばつられて私が忙しくなるという、まさに「風吹けば」という桶屋方式で生きております。

ただし、この曲はあまりにピュアすぎるもんで、泣きたくなるくらいに私をふざけさせません。楽曲そのものが、人間の悪行をも押さえこんだという、稀に見る一例です。昨日は『しゃべくり007』のオープニングでこの歌を歌ってほしいとのことで、喜んで引き受けたはいいものの、つい真剣になってしまい、観にきてたお客さんにも、笑っていいんだかってな空気にさせてしまいました。いつかバチが当たると思ってます。あ、もう当たってたか。それにしても歌ったあと、「はいど〜も」と出てきた出演者7人に急に囲まれると、なんだかめっちゃアガり、アガってない顔を必死にしてました。へ、へ、へ、平気！　売れっ子パワーって確かにある。本当は1対1でもアガる。けれどもあちらは毎週のことなので、（まさか先輩がアガってないでしょうに）という風だった。サラーリ。アップアップ感を悟られたくないのに、それをわかってほしいような、先輩とはフクザツな生き物です。私がずっと昔に後輩だったころは、今から思えばタンジュンだったし、ラクだったな〜。いつから人は先輩になるんだろう。いけない、どんどん馬鹿になっている。

9月×日

六本木でコーヒーを買おうとして、メニューを見上げたら「アメリカン・ブレンド・ブラック」とあった。(ブラックって何？)と思い、「どういう違いですか？」と聞いたら、「アメリカン・ブレンドにはお砂糖とミルクがつきます」とのことでした。ブラックジョークじゃないんですよ(しーん)。だからブラックはよく見ると10円ほど安かった。今までタダだと思ってたツケがやってきたかのようでした。

ライブをします！　場所は、なんと！　ぶぶぶ武道館！

10月×日

「12月30日なんですが、もしスケジュールが空いてたら、ライブをやってもらえませんか？」と聞かれ「あ、い～よ！」と軽く返事をしたら、なんと場所は、あの日本武道館。ぶぶぶ武道館て。パカーン。頭が開いたのがわかりました。みっともないので、慌てて脳みそをかき集め、元に戻してフタをし、落ち着きを取り戻しました。聞けばなんでも、どなたかがキャンセルなさったとのことでした。場所は空いたが誰にする？　となって、突然私の名前が出たのだとか。世間て思うより甘いわあ。甘いことあるか。大惨事かもだわ阿呆。とりあえず、明るいフェスのようなものにしたいと思い、知り合いの芸人やミュージシャンに声をかけているところです。よかったらぜひいらしてくださいね。カケに。カケて。

10月×日

ＮＨＫ『妄想ニホン料理』という番組がレギュラーで始まりました。司会は私と栗原類くん。最小限の説明だけをヒントに、日本の料理を海外の料理人に作ってもらうという番組。たとえば「たぬきうどん」だったら、「たぬきをイメージする食材に、温かい麺がつく」料理を妄想してもらう、というのが趣旨です。ちらちらとその地方の暮らしぶりや親子関係も見えてきたりして、そちらも楽しいです。

10月×日

ラジオで「みっちゃんミチミチ」という、私にとっては最低とも思える子どもの歌の話題になりました。ブースの外にいた25歳のマネージャーは「知らなかった」と言います。28歳になるスタッフは知っていましたが、それも幼いころ聞いたのではなく、あとになって「こういう歌が昔あった」という経緯で知ったのだとか。廃れて当然とも思えますが、逆にあんなひどい中身の歌が、よく長年生き延びたと言えるのかもしれません。

ドランクドラゴン鈴木さんに聞く！ “炎上”の秘訣

10月×日

ラジオでドランクドラゴンの鈴木さんとご一緒しました。相変わらず破れたような声の鈴木さん。しかもこの声の鼻づまり感は、ジブリ映画『風立ちぬ』の主人公の声にちょっと似ており、映画が始まってしばらくは、鈴木さんの顔を拭い去るのに必死でした。ところで私は先日、別のラジオ番組で「ゆるキャラ嫌い」と言ったら、「ラジオでそんなことを言った人は初めてです」とスタッフから言われました。しかし特にキッチリとしたお咎めはなし。あれ。だいたい炎上とか、一度もしたことがありません。どんなひどいことを言っても、（蛭子能収じゃしょうがない）みたいに常識側が人物を選ぶのでしょうか。番組中に聞いてみました。「鈴木さんは何を言ってもすぐ炎上するじゃん。

なのになんで私は誰にも相手にされないのかな?」。鈴木さんは呆れた顔でこう言いました。「清水さんいいですか、炎上というものはですね、一人で気軽にできるもんじゃないんです。あれは皆で力を合わせて、初めて成り立つものなんですよ」「はい」だって。

10月×日

12月30日の『国民の叔母・清水ミチコの「ババとロック」in日本武道館』の中身が、おおよそ決まってきました。直接電話したり、グッズを考えたり、これをやってほしいとスタッフに頼んだり。楽しい。なんでこんなに気楽かと考えたら、きっと「頼まれたから」というライト感覚。これが「私、武道館に立ちたい!」と思って長年頑張って決まったんだったら、きっと夢が叶うと同時にバチが当たるんでは、などと責任の重大さを感じてしまうと思います。EGO-WRAPPIN'、スチャダラパー、椿鬼奴、マキタスポーツ、レイザーラモンRGほか(敬称略)まだまだ出演交渉中。各地でフェスの多い暮れですが、こっちに賭けて、先駆けて、腰掛けてくださいませ〜。

「人は誰もが自分しか愛せない」あなたはどうですか

11月×日

映画『マリリン・モンロー 瞳の中の秘密』を観てきました。その中でふと忘れられない言葉がありました。「人は誰もが自分しか愛せない」。私も家族が一番で、オットやコドモを守りたいとは常に思っているはずなのに、実際はいつも自分優先です。「愛はすべてを可能にする」とかいうのよりも、こういう言葉は（私だけじゃなかったんだ）と人を楽にさせてくれるものでした。家族には今後とも諦めてもらいます。映画はまずまずでしたが、モンローさんのメンタルの壊れ方はこちらがオロオロしてしまうほど壮絶なもので、お色気にあまりに恵まれすぎた人は、どこの国でもなぜかうっすら悲しいものだなあ、と感じました。ご冥福をお祈りします（て今頃）。

11月×日

BSプレミアムとNHK FMの番組『ミチコ靖子窈の女子会』で、3人で宮城県は石巻へ行ってきました。さて、人生で二度目の石巻。いたずらに買って食べた牡蠣のやきそばがおいしかった。オイスターソース（牡蠣油）の味付けじゃなく、ソース味で牡蠣と麺を焼いてある。おいしい組み合わせでした。番組の中で食べたのは「舞茸の炊き込みごはんにいくらの醤油漬け」。こういう、味の柔と剛の組み合わせというか、ソフトとハードの合わせ技が上手だし、食べることが好きな街というのは素晴らしいな、でした。歩いてたら「庭で採れた柿です」と、ポッケからひとつくれた粋なお姉さん、ごちそうさま。番組では会場を借り、3人でライブをやったのですが、光浦さんのお悩み相談（ウケまくり）に、私のピアノで歌ってくれた一青窈さん、というのも感涙ものでした。「会場のお客さんが温かかった、あれは芝居じゃなくて本当に喜んでくれてる顔だったもん」と3人でちゃっかり誉め合ったりして。ともあれ、ますます東北好きになった旅でありました。

大竹さんと野球話「そのくらいはわかるよお〜」

11月×日

駅で、小学生になったばかりらしき男の子たちがふざけあってました。「やられたら、やり返す！　恩返しだ！」と言ってたのがかわいかった。いい言葉ですこと。ちょっと前にゆとりと呼ばれてた世代がいるけど、最近は〝さとり世代〟と呼ばれる子どもたちが出てきてるそうだ。優しく、浪費をせず、欲望に淡泊という。私は若いころ、よく諸先輩から「やる気が感じられない」なんて言われてたけど、今はときどき自分ですらギラギラして見えるほど、私の世代は頑張り屋さんが多い。つまり、いつの世代もその前の世代からはのんきに見えるものらしく、ため息をつかれるのでした。どうもだんだん人間は理想的というか、完成形に成長しているような気がする。

11月×日

ゆず、泉谷しげるさんらと国際フォーラムでライブ。30分ほどもらい、「新ネタ！」

と言いつつ一曲歌いました。と、書きながら言うのもなんですが、新ネタっていつまで続くのでしょうか。私はときどき自分が恥ずかしい。いつまで青春っぽく新ネタ書いてるのか。周りはとっくに卒業して司会なんかやってんのに。っていうか、何なのこの勝手な使命感。あ、恥ずかしいといえば、その翌日は大竹しのぶさんのコンサートのゲストだったのですが、そのあと食事をご一緒しました。「野球がちっともわからないの」とおっしゃるので、（私も！）と思い「じゃあ大竹さん、イチローって、今後もピッチャーやらないって、知ってました？」と言ったら、「そのくらいはわかるよお〜」と笑われてしまいました。二重に恥かいちゃった。私はピッチャーが一番偉い感じに思えたので、イチローもあの場所を目指してるのだろうと勝手に勘違いしてました。でも、とにかくバッターとしての素質が天才的なので、個人よりもチームのために今年もバッターから抜けられない、という皮肉な裏ストーリーがあるのだとばかり思ってたのでした。

モノマネすると自分のオーラも変わるのか？

12月×日

昔からなぜか「夢のあるような感じ」が大の苦手な、ウチのスタッフA子。「教えてあげよう」とばかりに、私と一緒にディズニーランドに行ったときも、（もういいですか？　あとどのくらいいればいいです？）という顔だったのでした。夢と魔法の王国で、彼女にだけ一向に魔法がかからない。ウケました。ところでこの秋、事務所スタッフみんなで近所のスポーツクラブに入会することになりました。各自好きな時間に通っているんですが、先日そのA子が「もう二度とヨガはやらないです」と言ったので、「なんで？」と聞いたら、「さあ、背中から大地のエネルギーを吸収しましょう。とかマジメに言われるのが恥ずかしくていたたまれない」とのこと。（え、背中の下って床材じゃん？　フローリングじゃん！　なんで平気でそんなことを言う？）と思ってしまうのだそうです。思うな!!

12月×日

テレビ東京『おしかけスピリチュアル』の収録で箱根ロケへ。スピリチュアル女子大生・ＣＨＩＥちゃんにオーラを見てもらいました。自分のオーラっていったいどんな色なのか、知りたいなあ～、と思ってたのでこの番組は楽しみでした。初体験。しかし私のオーラは、いろんな色がフワフワしてて、案外メルヘンでした。意外。司会のますおかだ岡田さんが「清水さんが誰かになりきるとき、オーラの色は変わるんですか？」と聞いてくれ、真剣にユーミンさんで歌う私。なのに色を聞くと、「あれ？　全然変わらない。むしろ青がかってる」とのことでした。青は冷静、だそうです。オレの熱唱！　興奮しろよ！　つけたかったな色。色物だけに。やかましいわ。そしてその後、私の守護霊を見てくれたＣＨＩＥちゃんがいきなり、「おかしい！　ははは！」と笑ったので、私もつられ笑いしながら「人の守護霊を笑うな！」とツッコみました。怖さのいっさいない、面白ロケでした。

2014

この年は『笑っていいとも！グランドフィナーレ』に出て、その打ち上げでタモリさんに秘密を教えてもらったり、ノンフライヤーを使った料理や、サウナでセレブなマダムたちの会話に耳をそばだてるのにハマったりしました。〝ババア〞と呼ばれなくなったのもこの頃です。

ゲネはあったりなかったり……

1月×日

　皆さん、あけましておめでとうございます。今年も私とTV Bros．をよろしくね！ 2013年を一文字で表す漢字は「輪」でした。もしかしたら、『笑っていいとも！』の「世界に広げよう、友達の輪！」が最終回を迎えるという淋しさも深層心理にあったりするのでは？ と、私も『笑っていいとも！』でデビューしたようなものなので、珍しく切なさがひとしお感じられた言葉でありました。これを書いている今は、本当は12月なのですが、先日はWOWOWの『TV Bros． TV』のナレーションを、OKAMOTO'Sのハマ・オカモトさんとご一緒しました。「友達の輪！」ではなく「友達の子！」。まさかこうして一緒に仕事ができるなんて時の流れは早いものです。しかし、自分自身は変わらないな（悪いところが）と思ったのは、ついこの間、ブロス連載でもおなじみ、マキタスポーツさんと武道館公演の打ち合わせを電話でしていたときのこと。マキタさんが、私に確認の意味で「これってゲネできますよね？ ありますよね？ ゲネ」と言ったのですが、私はいつも〝ゲネプロ〟という言葉の意味を忘れてしまってるのです。（リハとゲネの違いって何だっけ？）と思ったのですがしかし、先輩として「ゲネって何？」とは正直カッコ悪くて聞きたくない。「う〜ん、ゲネだよねぇ〜。あったり、なかったりするんじゃないかな、こういう時、ゲネは」と謎のコメントで言葉を濁したのでした。

1月×日

シカゴに招かれ、ライブをすることに。と言っても、たくさん日本人が住む街、お客さんもほとんどが日本人なのですが。野沢直子ちゃんからのＬＩＮＥで、「サンフランシスコの友達から聞いたんだけど、今度シカゴに来るんだって？」と、すでにそれを知ってたことに驚きました。広いアメリカ、シカゴとサンフランシスコ間なんて結構距離あるのに、もう伝わってるなんて、野沢直子のネットワークすげー。

初の武道館公演『ババとロック』無事に終了!!

1月×日

先月30日、武道館公演『ババとロック』が無事に終了しました。来てくださった皆さん、ありがとうございました！　この公演が決まってから（まずは偵察に）と思い、早速大きなイベントがあった武道館へ見学に。お客さんとして座ってみると、武道館ってどういう場所なのか、ちょっと知りたくなる、ということがわかりました。あなたが座ってる場所はこういうところなんですよ、なんてインフォメーションがあったらいいのになあ、なんて。なので、武道館マメ知識のＶＴＲはぜひ作りたい、と思いました。ちなみにそのイベントはフェス形式だったのですが、ある歌手が完全に口パク。口パクに否定的ではないのですが、（いったいどういう気持ちなんだろう）と、その歌手の気持ちになりながら拝見。踊りも音と口のタイミングも完璧。なのに、なんとなく目が死んでいる！　思えば本人の歌の達成感がさすがに希薄なのです。しかもちょっとだけズルをしてるような意識がどこかに出るのか、一瞬の陰が走る気配が。お客様を喜ばすための自己犠牲でもあるわけなので、プロとはやっぱり快感基準ではないものなんですね。でも、これは一度ネタにしなければ、という勝手な使命感も湧き、自分の本番までに口パクネタを制作しました。さて当日は、人気者が多く出てくれたおかげで、チケットは立見席まで完売で、とても高揚し、感動しました。もともと、あるイベントがキャンセルとなり頼まれた公演でもあり、自分一人が中心でない舞台は気が楽で最高です。しかしちょっと困ったのは、その本番までの密着カメラが入ってたこと。集中するときも、つい作り笑顔になったり、(今コビてたみたいだったか)など、気持ちが浮つきがちに。飛騨高山に住む家族たちへも取材に行ったそうなんですが、そこでは「無理」「ダメ」と言われたとか。そうなんです。私の血縁者、臆病者だらけ。弟は「テレビに出ると軽い鬱になる」とまで言ってました。わかる〜(嘘つけ)。

シカゴで人生初の大ブーイングをもらいました！

1月×日

シカゴでライブ。ホールにはシカゴ在住の日本人1000人のお客さん。ありがとうございました。リハーサルがあり、綾戸智恵さんで『テネシーワルツ』をやってたら、現地の外国人スタッフたちからいっせいに拍手と口笛が鳴り響きました。おお、ニセモノがまかり通った瞬間！ でした。滞在中は、日本人の運転手さんがずっと案内してくれたのですが、「いつもヒマなときには『ラジオビバリー昼ズ』の木曜日が楽しみで、ポッドキャストで聴いてます。ロッチとの回、最高でしたね」だって。うれし〜。「シカゴって、確か忌野清志郎さんも歌った場所だよね？」と聞いたら、「その時も僕が運転してました」。早く言いなさいよ。ごはんも一緒に食べたんだそうです。現地の日本人学校の小学生から高校生、600人の前での公演も急遽頼まれちゃった。体育館で「清水さんに質問ある人？」と先生。いっせいに「はい！」「はい！」「は〜い！」。小1くらいの子どもを指して「じゃあキミ！」と言うと、「あのう、うどんとラーメン、どっちが好きですか？」だって。笑っちゃった。「うどんとそば、というライバル同士でなくて？」でした。さすが子ども。率直で雑。私も調子に乗って「これどうかな？」と〝エセ英語挨拶〟（英語ペラペラのようでデタラメ）をやりました。実は前に、野沢直子ちゃんの子どもたちの前でやったらずいぶん笑ってたもんで試してみたの。中高生たちはすごく笑ってた。どっか〜ん。しかし、小学生には意図がよくわからなかったらしく、人生初の大ブーイングをもらいました。本当にやるんだ〜。おっかしかった〜。親指を下にして「BOO!」「BOO!」だって。顔も必死。私が笑うもんだから、ますます調子に乗って「BOO・BOO!　BOO・BOO!」とブーイングの嵐です。かわいい!　ってか、子どもって本当にすぐ結果を出すんだね〜。時間は大幅に延長。かわいい諸君、またどこかで会おうね!

我が家に強気な若嫁がやってきました

2月×日

話題の「ノンフライヤー」を買って使っています。この商品のいい点は、当たり前だけど高熱処理が短時間でできるところ。オニオンリングなど、ノンフライでありながらもカリッカリに仕上げてくれ、加熱すればすぐに甘〜くなる、あの玉ねぎのツンデレ加減をすぐにほどよく引き出してくれて感動します。ポテトフライもおいしかった。野菜がおやつになってくれるんですよね。しかし、想像よりもはるかにサイズがでかいことに驚きます。しかも丸みを帯びているので、収まりもいまいちピタッと決まりません。

キッチンで若干邪魔になるのでオーブントースターをしまっちゃおうかな、と考えています。幅だけはトースターくらいなんですよね。そしてトースターよりも断然簡単に洗えるというところも、ノンフライヤーの大きな長所。テフロン万歳です。今思えばトースターは加熱もゆっくりで掃除もしにくかった。そう考えると、だんだんお婆ちゃん世代の調理器具に見えてきます。すぐカッと熱くなるノンフライヤーはその点、強気な若嫁がやってきた、といったところでしょうか。しかし、私の知り合いの男性からは「ノンフライヤー飽きちゃって、もう使ってない」という声も聞きました。私は元嫁であったトースターをもちろん捨てはせず、しばらくしまうだけなのですが、ふと物置が姥捨て山のように見えてくるのでした。

2月×日

前回書き忘れてた話。シカゴに行ったときのこと。案内してくれる日本人女性が「清水さんがシカゴに行くということを書かれた本を、こっちで読みました」と言います。「えー、私が書いたの？ どんな本でした？」と聞いたら、「ああ、本の名前……。忘れてしまいました。日本のゴシップ雑誌です」と言います。しばらく考えて口に出しました。「それって、もしかしてＴＶ Ｂｒｏｓ．？」「ああそれです！」でした。笑いました。ゴシップ雑誌じゃないから！

末井昭さんの『自殺』って本、オススメです

2月×日

阿川佐和子さん、和田誠夫妻、南伸坊さん、三谷幸喜さんというおなじみのメンバーで食事をしました。阿川さんが幹事役だったのですが、つくづく阿川さんはすごい人物です。何十年付き合ってても、気分の波がないのです。女の誰もが持つであろう（昨日は不機嫌、でも今日は上機嫌〜）ってな性分がなく、日々快晴、四海波静か。いつも機嫌がいいのです。期限はギリギリだそうですが（本人談）。いつもニコニコしているのは南伸坊さんもそうだけど、こんな人間性になれたなら、人生１００点だな〜と思いました。ところで私が「今頃だけど、（南さんの友達である）末井昭さんの『自殺』って本が素晴らしかったよ〜」と言ったところ、偶然阿川さんも読んでおられ、３人で絶賛の嵐。自殺はやめるべき、というのではないけど、深く関わってきたから書ける、正直

でてらいのない言葉に、やがておかしみすら生まれ、自殺がバカバカしく思えてくるのです。皆でそんな末井さんの噂話をしながら、次の店のドアを開けると、なんと出てきたのは末井昭。あ、呼び捨てにしちゃった。末井さん！　い、生きてた！　あ、ひどい言い方しちゃった。でも、そのくらいびっくりしました。見ると、末井さんも含めた4人が楽器を抱えてます。「今までこの店で演奏してたんだよ」とのこと。「団体のお客が来るっつって店から追い出されたと思ったら、なんだ、南さんたちだったのか〜」と笑ってました。そのバンドではサックス担当だそうです。編集者でありながら、夜は楽器の演奏をなさっているのでしたか。あれをお書きになったあなた様が！　人生って面白いなあ。次の店での出番があるのか、駅に颯爽と向かう末井さんご一行。出発とサックスと息吹。息を吹き返している人物の象徴のようで、意味深でした。

幸せそうに踊る人を見ると……、つい……うう（；；）

3月×日

食べることや料理を作ることが好きな私。肥満になりそうで、週1回のジム通いを決めました。しかし、長年通っているジムはちょっと遠く、夏は暑すぎて、また冬は寒すぎて出向く気にならず。思い切って、近所にあるジムにも通おうと、しばらく2つのジムのメンバーになることにしました。近所のジムは驚くほど安価。マジか！　な値段でした。今まで通っていたジムではスタッフとも顔なじみなので、ヨガやストレッチ、マンツーマンの筋トレを。で、安いほうはジョギングと中身も決定。で、昨日は仕事帰りになじみのあるほうに行ったのですが、シューズを履いてたら「よかったらダンス（ズンバ）に参加しませんか？」と誘われました。「言葉をかけないダンス」なんだそうで、超そそられました。ああいうとこって「左足を前に・ワン・ツー」とか言われて、やってみると案外照れる。でも、言葉をかけられないのだったら、やりやすそう。ところが参加してみたら、美人インストラクターの踊りを手本に踊るだけなのに、（まずい）という危険信号が私の中で点滅。というのは私は昔から「幸せそうに踊る人」を見ると泣けてしまうヘキがあるのです。今回も油断してたらウッ！　と胸に来てしまった。踊ってる最中に泣いたらどう思われるだろうと、今年観た映画や昨日のごはんを思い出し、どうにかほかのことを考えながら踊りました。しかしです。インストラクターの何度か繰り返すある動き（両手を前に開放的に開く動作）に、私は完全にノックアウトされてしまって、涙が出そうになり、必死に堪えました。頑張れ、私の身体！　しかし（今、自分は涙とも戦って踊ってるんだ！）と思ったら、自分の健気さでまた胸を打たれた、と同時に鼻水まで垂れてしまってました。

スティーブ・ジョブズさんとイベント出ました

3月×日

下北沢で行われた『共感百景』というイベントに出てきました。司会が劇団ひとり、出演は光浦靖子、かせきさいだぁ、辛酸なめ子、大橋裕之、スティーブ・ジョブズ、清野とおる、うしろシティ（敬称略）。何度か出てるこのイベント、今回はスティーブ・ジョブズさんが生きていたのにビックリしましたが、よく見たらレイザーラモンRGさんでした。『R-1ぐらんぷり』と合わせると、一週間のうちに二回も騙されました。騙されるか阿呆！　なぜジョブズなんだ。さてこのイベントは、ひとつのお題を出されて、自分の気持ちを色紙一枚に率直に書き、いかに共感されるか、というだけの、地味ながらも楽しいもの。打ち上げではたまたま、清野とおるさんの隣に座ってしまいました。

ときどき会場の空気をスリルでいっぱいにした、ものすごくブラックな彼。みんなからも「あんまりだ！」と注意されてましたが、本人はいたっておかまいなく、という涼しい顔だった漫画家。「僕、実は10代のころ、『ＶＯＷ』に投稿したら、清水さんの顔マネ塾のすぐ隣に掲載されたことがあるんすよ！」とのことでした。よく曲がった青年に対し、「社会も悪いんですよ」とコメントしたりしますが、私も彼への悪影響をなんらかの形で与えてたのだ、と実感しました。あ。曲がった人、といえば佐村河内さん。ブロスでも、あの会見についてたくさん書かれてそうですが、先日、ラジオで三谷幸喜さんと彼をネタにしていたときのこと。話は流れ、クヒオ大佐の話になりました。彼も昔、映画化されるほどの大嘘をついてた人物でした。そして翌週。三谷さんからメールがあり「さっき、スタバでなんと隣にクヒオ大佐がいた！　こんなことってあるのか？」とのこと。こういうことでウソをつくような人ではありません。あの同じ軍服姿で、面影もそのままだったそうです。本当に人は不思議なものですが、ふと今回の事件について、どう思われたか意見を聞きたくなりました。

審査員・西村賢太、漫才コンテストに出場しました！

4月×日

『高田文夫のラジオビバリー昼ズ　まる25周年　リスナー大感謝祭』と銘打ったイベントに出演しました。手渡された企画書を見ると、リスナー感謝祭といいながら、出演者である私たちが漫才やコントをやり、それを審査されるというコンテスト形式になってました。どんな感謝の仕方だよ。1位を決めて、誰が得をするんだ？　など、文句を言ってはいけないので、できるだけ小声で言ってました。高田センセイを筆頭に、東MAXさん、松村邦洋さん、サンドウィッチマンさん、ナイツさんなど出演者陣がたくさん。そして私はナイツと漫才を、とのこと。汗。実は去年も3人で漫才をやったんですが、その時（自分はなんと向いてないんだ）と思ったのでした。なぜなら私は、自分のセリフを言い放った瞬間に笑ってしまうのです。サイテー。全然プロじゃない。でも、ラジオでナイツと3人でしゃべっているときなんかは、めっちゃおかしい。なので、今回は思い切って全部アドリブで、というかラジオみたいにしゃべっていこうじゃないか、ということになり、練習なしでホールに立ちました。いい度胸です。審査員は作家の西村賢太さん。私は相変わらず笑いそうになったりしましたが、なんとか3人で力を合わせることができました。さすが彼らはプロフェッショナル。ナントカナル。しかも優勝したではありませんか。「ありがとうございます。西村さんに笑いのセンスがないからもらえました！」と言いながらまた笑っちゃってました。

4月×日

東野幸治さん司会の番組で、「どうですか、宍戸智恵さん？」と綾戸智恵さんの名前と間違えて普通に言われ、ウケました。東野さん平謝り。（あとで宍戸智恵のモノマネを適当にやってみよう）と思ってたらもう、「宍戸智恵でっせ！」と声が。見たらフジモンさん。もう先にやられてました。弱肉強食の世界やわあ〜。先手必勝。

いいとも打ち上げで明かされた、タモリさんの秘密

4月×日

『笑っていいとも！ グランドフィナーレ』に出ました。ちょっと遅れて入ったのですが、到着するや否や、ディレクターの印田ちゃんに「早く早く！ ココへ！」と入れられた前室には、出番を待ってるダウンタウン、ウッチャンナンチャンが。『夢で逢えたら』の楽屋みたいでした。印田ちゃんは『いいとも』と『夢逢え』のスタッフなので、気を使ってくれたんですね。ありがとう。すごいメンバーだったんですねえ。しみじみ。しかもスタジオで「こちらに座ってください」と言われて座った私の横には、野沢直子ちゃん。計らいを感じてしまいました。じ～ん。そして始まったステージがすごかった！ こんな幸せな本番はあったでしょうか。なんだか泣けたり笑ったり、じ～んと来たりと、胸に来るものにも忙しい3時間でした。ところで、私の初めてのレギュラー番組は『笑っていいとも！』。しかも高校生のころからタモリファン。ひとりタモリ倶楽部です。なのでこの番組に出ると決まったときは、まるで私の念が通じたかのようで、

超幸せでした。デタラメな私の人生だけど、思いって必ず届くんだってわかったの。なんてドリカムの歌詞みたいなこと言っちゃったりして。打ち上げも盛り上がりました。明け方ころに会場のスミでタモリさん、直子ちゃんと1時間ほど話せたのですが、「ミッちゃんにこれ見せたっけ？」と、タモリさんがジャケットの裏地をパカッと見せてくれました。普通にカッコいいブランドのイタリア語の刺繍。しかし、ちゃんと読むとワイセツな言葉。赤面。これ着てあんな本番に出てたのか！　表ではなくて裏地でそっとふざけてたり、弔辞は実は白紙だったりと、この方はやっぱりすごい天才なんだなあ、と思い、高校時代に「タモリのどこがいいの？」と聞かれ、「見えないトコに品があるじゃん」と、見抜いてた自分を褒めてあげたくなりました。

ハライチさんの年齢を聞いてビビりました……

5月×日

ラジオでハライチさんとご一緒。「キューピー&カロリーハーフ」みたいな見た目の二人。生放送での3人のしゃべりはとんちんかんでもあり、無邪気に楽しむうちに番組は終わろうとしてたのですが、ふと二人の年齢を聞いて私はビックリしました。「に、に、27歳!?」「ねえ、に、に、27歳なの?」。2回聞きましたので、2回書いてます。いったいどんだけベテランっぽいんだ。キューピーのほう（澤部さん）の、あのしゃがれ声での確実なスピード感。そして意外と毒のあることを言うカロリーハーフ（岩井さん）も飄々と、というか淡々とした雰囲気をいっさい（ウケても）崩しません。サラリ。若者層はどんどん幼くなってるみたいだけど、老成っぽい人もしっかりいました。

5月×日

ジムに行ったら、目の前に鈴木宗男さんがおられ、その後ろには小澤征爾さんがいらっしゃいました。（わ〜、この2ショット、すご〜い）と思ってたら、エレベーターから市村正親さん。「やあ、久しぶり〜!」と明るく声をかけてくれました。まるで芸能界の社交場で、アガりました。しかもその先に美女が座っておられる、と思ったら樋口可南子さんで、久々にしゃべっていると、インストラクターの方から「参加しませんか?」とお誘いが。気がつけば私と樋口さんとで、なんとエアロビ系のダンスを踊ってました。日本人の伝統的な世界観のひとつに、ハレとケの日があるとは聞いてましたが、ケ（休み）の日なのに、えらいハレてました。

5月×日

『スタジオパークからこんにちは』に、柄本明さんがゲストでいらっしゃいました。「今までで最も緊張したのは、コントで志村けんさんとご一緒したとき。（ここで芸者姿の二人の写真が出る）なんだかとても怖くて」。しかし、その写真の顔のメイクが、あの志村さんをも凌駕しておられるタイプの一枚で、笑わずにはいられませんでした。

今度からもっと王子様に注目するようにします

5月×日

劇団四季のミュージカル『リトルマーメイド』をコドモと観にいきました。その休憩時間のこと。トイレに並んでたら、背中越しに女性二人の会話が聞こえてきました。いかにもミュージカルファン、というかザ・ディズニーファンとおぼしきお二人。はしゃぎながらも「リトルマーメイドに出てくる王子様ってさ〜、とにかく何ひとつ活躍しない、いっさい戦いもしないんだよね〜。ディズニーで存在感ゼロの王子、第一位だよね〜!」と言ってて、私は思わず笑ってしまいました。振り向いて拍手をしたいほどうなずけたのです。さすが本気のファンは言うことが鋭いもんですなあ。同時に、ワケありのプリンセスたちと違って、プリンスというものはだいたいそんなにじっくり味わう存在ではないことにも気がつきました。昔からだいたい(優しそうな二枚目)と決めつけで見ており、一度でもどの王子様がいいか、などと比較したこともなかった。もっと白状すれば、どの物語の王子も同一人物でいいじゃないか。そのくらいに思ってた自分の素人さ。このお二人の会話はそのほかにも、「今日の公演の○○さん、昨日よりぜんぜん声が伸びてた〜」とも話してて、「いったい何回観てらっしゃるんですか?」「やっぱり今日の公演よかったんですよね?」などと聞いてみたくなりました。ファン同士が仲良くなる、というのはなーるほど、こういうことか、話を聞きたい、分かち合いたい、知識を得たい。これだったんですね。

5月×日

NHK『スタジオパークからこんにちは』の金曜日を担当中(他の曜日も不定期出

演）。この間は壇蜜さんとご一緒しました。テレビでも何度も聞いてるのに、いつも（声が意外！）って思っちゃう。お色気たっぷり、ねっちょりこん！　ではなくて、どこかあどけなく、アニメチックな雰囲気。しかも言葉遣いが丁寧で、おしとやかな口調にもすっかり癒されました。

最近のお楽しみ！　サウナで聞く、セレブたちの会話

6月×日

週に一度はスポーツジムへ。衰えゆく体力に逆らい、健気に筋トレをしながらも「清水は、ダンベルをつかんだ」「清水は、ポカリを飲んだ」など、ドキュメンタリーなナレーションを心で自分に重ねてます。さらにはサウナでの会話も、小さな喜び。といっても傍聴だけですが。デイタイムには、お金持ちのオバさま方の豪勢で気持ちのいい会話がハンパないのです。片手間に不動産もお持ちのようなのですが、「あそこのビルって、どうした？」「それが最近、飲食系からしか頼まれないのよ〜」「飲食店、ヤよねー。出てったあとゴキブリ出てきたり、壁にニオイもつくし」「やっぱり最高なのは保険屋

よ～」とのこと。なぜ保険屋が最高なのかは、最後までわからずじまいでしたが。「ウチは去年、『ザ　ボディショップ』に貸したけど、あそこ、すっごくよかったわ！　まだいい香りが壁に染み込んでるし」と続きました。皆さん、壁のニオイがそんなに気になるものなのか。契約が終わり、すぐさま壁を嗅いでいる姿を想像しました。物件を借りる側のグチではなく、貸す側の生々しい本音を聞くのは初めてでしたが、さすが貸す側。借りる側の真剣さや必死さと違い、チョイスする言葉がどこか生ぬるく、語気も平坦で、最後まで親身になれませんでした。このアントワネット集団はいつかも、「あら、Aさん久しぶり。どちらかに行かれてた？」という挨拶に、Aさん「ふふふ。笑っちゃうわよ。私、八十八カ所めぐりへ行ってきたの」。さすがのババくささ。しかし反面、私は感心しました。なんだか人間的なその思惑。真っ当な潤いすら感じ、ほっこりした矢先のこと。「でもさあ、結局１００万ほどかかったわ」だって。えええええ～、ぜんぜん修行じゃない！　贅沢めぐり。パリ行けるわ。グアムなら10回往復できるわ。八十八カ所のいったいどこにどうお金を使ってたのか、具体的に知りたく、さらに興味が湧きました。

高校の部活は百人一首クラブでした

6月×日

実は私は高校時代、『百人一首クラブ』に所属。部員は全学年で6人ほどしかおらず、顧問だった古文の先生は完全におじいさん。私たちはすっかりなめてかかり、お菓子を持ち込み、おしゃべりしながら、さらに持ち寄った雑誌なんかも読むという、ダラダラした時間を過ごしてました。休み時間の延長のようなこのクラブは当然ながらとても楽しく、穏やかな先生も（どっちでもいいよお～）というカンジですっかりお昼寝タイム。それでもやっと百人一首を机の上に並べ、やってみれば案外夢中になり、楽しく思えたものでした。しかし、卒業後はやはり「ねえみんな～、タイクツだから～、百人一首でもやらない!?」と誘うことなどは決してありえない。「やるやる！」「あー！　やられたあ～！」「キャハッ！　取ったああ」などという賑わいも想像すらできません。さらに「ああ、百人一首クラブに入っててよかった！」と思えたことはこれまでの人生の中で一度もなく、言うと必ず笑われるので、むしろ言わないようにしていました。ところがそんな私に、先週、百人一首の仕事の発注が。TBS『魂の文化系TV』という番組で、タレントと百人一首の達人（女性）が戦うという企画。その代わり当然ハンデとして、タレントは三人一組となり協力できるというもの。ほとんど忘れてしまってる私は、若いタレントさんと組めることに安堵しました。しかも、久々に練習でやってみると、遅いとはいえ楽しい。和歌にもグッとくる。ひょっとして、歳を取ってからのほうが楽しめるのでは、と思いました。ちなみにこの時ご一緒したNMB48の須藤凜々花ちゃん。（あれ？　この人形しゃべるのか？）と思ったら（人間だった！）という感じのかわいさで、アイドルにさほど興味がない私ですら、（わ〜）と、ときめきました。しかも声が高くて華奢。「ミチコセンパイ、私のモノマネしてみてくだちゃい！」とでも言ってるように感じたのでした。

え？　この暮らしってビンボーなの!?

7月×日

番組の打ち合わせで、若いころの生活について聞かれました。「私は特に裕福ではないにしても、ビンボーでもなかったですよ。ネタないですよ」と言いながら話し始めた私。学生時代からケーキ工房などでバイトをしてた私は、バイト先で褒められたり、作ったケーキに感動するたびに（ああ、人生最高！　どうせならいろんなケーキ屋さんでバイトを！）と思ってたほど充実してました。なので、あくせく就職活動する周りの同級生が不思議に思えて、仕方がありませんでした。（なんでちょっとお給料がいいってだけで、あんな単調っぽい仕事を選ぶのだ？　その日暮らし最高！）とばかりに独身を謳歌してたのです。しかし、その打ち合わせで、スタッフからの細かい質問にじっくり付き合っていくと、「四畳半のアパート暮らしで～、ピアノが弾きたいときは友達んチに行って貸してもらって～、図書館で本借りたり～……」あれ？　振り返ってみると、結構なビンボー生活経験者じゃないか、となってきました。メッキ剥げました。ビンボーじゃなかったって思い込んでいたのと、スタッフにそう断ってから話し始めたのもまた恥ずかしい。まるで取り調べをされてるうちにポツリポツリと自供し始めた犯人です。あれ？　ビンボーだったのか、なんて思いながら、なぜかそんな気がしてこないのも本音。証拠は揃ってるのに。周りにもっとビンボーな友人もいたからなのか。生活水準そのものよりも、感受性で決まるのがビンボーなのかもしれません。

7月×日

私がもしも新しくテレビ局を開設するなら、こんなチャンネルを作りたいです。それは『半世紀前TV』。ピッタリ50年前の放送を、朝から一日中その日そのまんまで流すの。半世紀前の7月30日の放送はこうだったんだ～、とか。本気のレトロ。マジレトロ。ありえないのかな。いや、できなくはなさそうです。やるなら今でしょ！（古）

便利なネット社会のしわ寄せはどこに？

7月×日

仕事で福岡へ。友人Aにおいしいものでも送ろうと思い、干物と辛子明太子のセットを「都内に発送してください」と依頼。ついでにBさんとCさんにも、と思いつき、全部で3セットを注文。喜ぶぞ、フフフ。やはりプレゼントたるもの、もらう側より贈る側の喜びのほうが大きい、とはよく言ったものです。しかし、いざ支払いになったら金額が予想より割高なのに一瞬戸惑いました。いや、戸惑う私が間違ってたのですが、

「クール便になるので、送料がお一人様1250円ずつ追加です」とのこと。そんなにしてましたか。そりゃそうか。もちろん驚きはおくびにも出さず、見栄を張りつつ支払いをしましたが、帰り道に私はふと考えました。（これじゃ、お客がアマゾンにどんどん流れていってしまうんじゃ……）。そういう私の家にも、アマゾンのダンボールがどんどん溜まっている現状ですが、どんな重い物でも送料込みのシステムって、考えてみたらすごいことですね。そういえばここ最近、街で見かける宅配の方も、ものすごく忙しそうで、なんだか疲労の気配も濃く見受けられます。などと思ってた矢先の先週、ヤフーニュースに『宅配業者が主婦のパート・1万人の募集を開始』とありました。なんだかすごい時代です。

7月×日

六本木で綾戸智恵さんにバッタリ。（あっ、本物！）と、こっちが驚いてる間にすでに綾戸さんの立ち話は始まっていました。しゃべり上手とはこのことか、と思い知らされるほど、話の中身が濃密でなだらかで展開も速くて圧巻です。まるで一度練習でもしてたんじゃないかと思うほどでした。仕事のこと、実家のこと、生い立ちからCDの新譜に至るまで、立て板に水。ほんの5分の間に、です。ムダがない、ムラがない。黒柳徹子さんもそうですが、やはりそこに共通するのは無邪気。私もあんなにスラスラしゃべってみたいな、と思い、『ビバリー昼ズ』でマネしたらすぐ噛んでました。

ジャスミンティーは、眠り誘う薬……じゃなかったの!?

7月×日

先日、夜遅くにレストランで友人と食事をし、そのまま地下にあるバーに連れてってもらいました。シティ派と呼んでください。古い。しかし、もう夜更けなのでお酒はやめておこうと思いました。お酒って意外と眠りが浅くなることに最近気がついたんですよね。さすが50代。いちいち生活臭をからめます。で、ここはもう、ぐっすり眠れるジャスミンティーをオーダーしておこうと思ったのでした。『オリビアを聴きながら』という曲の歌詞の中に、「ジャスミンティーは～眠り誘う薬～」というフレーズがあり、それを思い出しながら、茶葉に漂う花の香りを優雅にいただきました。ところが、いざ帰宅して寝ようとしても寝つけません。焦るほどに目がギンギン。いったいこれはどういうことであろうか？　いっそ起き出した私はネットで「ジャスミンティー」について調べました。そしたら、美肌、ダイエット、女性ホルモンに、と優れた効能がたくさん出てきたのですが、中にひとつ、「覚せい作用」がしっかりとあるではないですか。「眠りを誘う」の逆作用ではありませんか。じゃ、あの歌は何だったんだ？　思い違いだったかしら？　と思ってそのままスクロールしてったら、こんな説も出てきました。作者の尾崎亜美さんはどうやら「歌詞を間違えちゃった」と認め、ご自身でお歌いになるときは、その部分を違う歌詞になさっているのだとか。ちなみにラベンダーは眠りを誘う香りらしいです。明け方、納得できた私はやっと眠ることに成功したのでした。

7月×日

日本の夏がやってきました。野沢直子ちゃんがサンフランシスコから帰国です。芸人がどんどん増えつつあるバラエティ界において、ちゃんと毎年仕事が待ってるなんてホントに恵まれてます。20代とまったく変わらない趣味とノリも才能です。しかもなぜかちっともイタくない。普通はイタいはずなのに。不思議だ。

「ヒマじゃない」そう言っても電話してくる光浦さん

8月×日

声楽の専門家の方とお会いしました。「歌はお腹から声を出して歌うのが大事、というのは本当で、下腹の腹筋によって声量が出るだけじゃなく、音程もしっかり安定するんですよ」とのこと。「そうなんだ、音感だけじゃないんですね～」と言うと、「音程は脳が指令してるだけで、肉体から発する息吹が歌の原動となって、生命力かつ表現力になるんですよ。下半身の筋肉がしっかり支えてない、上半身だけの歌で感動させるのは難しいもの。お相撲さんの歌がうまいのもそのせいで、逆にボクサーの歌はあんまり聴きたくない。上半身の筋肉があまりに整ってると、聴いてる人の心に響きにくいものなんです」とのことでした。逆にボクサーの歌を聴きたくなりました（※感想には個人差があります）。

8月×日

美容院に行きました。こういうところで楽しみなのは雑誌。自分では手に取らないような種類もめくってみると、（おお、こんないい本だったのか）とわかったり、逆に手に取ってこなかった理由がわかったり。この日も挑めていると、メールの着信が。光浦靖子さんからでした。「今、ヒマですか？　電話してもいいですか？」とあり、すぐ返信。「ヒマじゃない。今、美容院」そしてまた雑誌に戻る私。そしたら電話が鳴りました。携帯を手で覆いながら、小声で「もしもし？」と出たら光浦さんで、開口一番「ほら〜、出られるんじゃないですかあ〜！　やっぱしヒマじゃないですかあ〜！」と鬼の首でも取ったように言われました。爆笑。「私のメール、読みました？　今電話されたら困りますよ、っていう意味を暗に込めて書いたんだけど、わからなかったかな？」とイヤミに言うと、「あら〜、そうだったんですか？」と笑ってました。完全にナメられてます。

〝営業感〟ってお客さんに伝わるものなんですね

8月×日

スチャダラパーＢｏｓｅさん、森山直太朗さんとご一緒したラジオで、長年にわたる疑問の話に。私がずいぶん昔、ジェームス・ブラウンのコンサートに行ったときのこと。パワフルな歌、シンガーとしての色気ムンムン、パフォーマンスもたっぷり。お客さんは大満足。よく「新しい俺を聴いてくれ、おなじみのヒット曲はもう歌いたくないんで」というムードの方もいらっしゃいますが、お客の気持ちをわかっているソウルキング・ＪＢは、ヒット曲中心にたっぷり盛り上げてくれました。しかし、それなのに、です。なんとなく（これ、営業だな）という空気が拭えなかったのです。〝世界的営業〟というのでしょうか、周りのダンサーたちにも（こなれた感）が。これはいったい何だったのか。私たちはどこを見てそう感じたのか。よかったのに、小さなしこり。なんとなく口に出してはいけない空気。でももう時効でいいじゃない。おそらくは〝顔にそう書いてあった〟としか言いようがありません。それにしても、ものすごい遠い席からでも、お客さんにはふと伝わるだなんて、考えてみれば恐いものです（※感想には個人差があります）。私のオットはその昔、同会場でのサイモン＆ガーファンクルのライブに行ったそうです。しかし、お二人の仲が険悪状態の絶頂期。なんと登場した二人はパッパパッパと名曲を歌い、45分ほどで「バイバ〜イ！」だったそうです。「やること済ましたぞ・さようなら」。ウケるわあ。生の醍醐味はこういうところにあるのかもしれません（あるか！）。

8月×日

局の廊下で、若い女性がうれしそうに「わっ！」と、私の肩を背中越しにトンッ。振り返って見たら、（だ、誰？）。その人も「すみません！」。人違いです。このあと（振り向いたらさ〜、清水ミチコでさあ〜！　アッハッハ）という話を想像し、若干ブルーになりました。

名字と名前の間に「の」を入れるとダサくなります

9月×日

スーパーに行った帰り、自転車に乗ろうと鍵をカチャカチャやってたら、隣で青年が携帯で会話しているのが聞こえました。「だ〜か〜ら、ついオレオレって言っちゃっただけで、オレ本当に息子のタカアキだってば母さん！」とのこと。会話の出だしで「母さん、オレオレ」と電話口で言っちゃったらしいんですね。そのあと、「10月8日に家に帰るって約束したオレ！　姉ちゃんがもうすぐ離婚する、萩野湯（銭湯？）で気絶したオレ！」など、家族しか知らない内容で自分を証明する言葉がかわいくておかしかったです。後半は笑い出しておられました。きっと仲のよいご家庭なんでしょうなあ。

9月×日

深夜に、野沢直子、藤井隆、椿鬼奴、レイザーラモンRG、光浦靖子、ボルサリーノ関、森三中黒沢、まちゃまちゃ（敬称略）らとカラオケへ行ってきました。直子ちゃんが日本に来ると、飲み会も増えるのが恒例なのです。みんなで浮かれたように歌い、私もつい頼まれてもいないのに百恵ちゃんで歌ったり、『アナと雪の女王』の「レリゴー」を美輪明宏さま風で熱唱したりと、その晩もプライベートと仕事の境目がありませんでした。そのうち、マイクはそっちのけで藤井隆さんによる某女優さんごっこが大ヒット。某女優さんにインタビューする私たち。しつこい。明け方まで続きました。

9月×日

新宿・ロフトプラスワンでの光浦靖子さん、ドランクドラゴン鈴木さんらによるトークライブへ。アイドルの話の流れから、鈴木さんが何気に「松田の聖子ちゃん」と言ったのがなぜか心に残りました。どんな一流スターの名前でも、真ん中に「の」をつけただけで、一瞬にしてダサくなる、光が消えそうになるものなんですね。皆さんにとっての大スターを思い浮かべ、名字と名前の間に「の」をつけてみてください。どうですか。急に田舎臭くなりましたよね。気をつけたいものです。

ああ習いたい！　私の中で民謡熱が高まりました！

9月×日

私の実家では、父も弟も音楽をやりながら商売と両立してました。ま、私もそうなるのか。先日、弟のブログを読んでたら、どうやら彼はここ最近「小唄」を始めたのだそうです。渋い。もともとはギター、サックス、ピアノとたくさん担当していて、地元での催事などで演奏をしているのですが、小唄は、美人の芸大出の先生に勧められ、即ハマったとのこと。もうすぐ発表会があるらしいのですが、「昔の自分だったら、人前に出て歌うのに緊張したかもしれないけど、もうそれもなくなった」のだとか。小唄を習ってるうち、芸事だけは努力ではないのだ、と実感したらしいです。おまえは80代か、でした。そんな風に弟を笑っていた私ですが、先日、木津茂理さんの民謡をライブで聴いたら、めっちゃ感動し、今は習いたくてしょうがなくなってしまいました。モノマネにならずに歌えるものなのかな。いつか始めたら聴いてください。え～まずは『江差追分』から（三味線片手）。

9月×日

去年、降って湧いたかのように決まった武道館公演。ビビッた私はたくさんの友達に声をかけまくりました。著名な皆さんがたくさん出てくれたおかげで、完売御礼。なんと立ち見まで。ワーイ。先日、なんと同じイベンターさんから連絡が。「来年の1月2日に、今度はお一人でやってください」と言われてしまいました。武道館を一人で!?前回お金かかりすぎました？　赤字だったとか？　時間長すぎました？　そもそもお正月の東京に、お客さんっているもんなの？　だいたいなんで私なの？　と、戸惑いつつも、だんだん楽しみになってきました。人生って、まだまだ何が起こるかわかりませんね。ウケたりして。コケたりして。そんなワケでみんな、まだ2日は田舎に帰らないでね～！　もしくは2日には東京に帰ってきてね～！

玉ねぎの匂いでのど回復&安眠!……でも猫が

10月×日

「アレルギー性のものですね」とお医者さんに言われたのですが、このところ、咳が続いて困っていました。咳って、案外体力を消耗するんですよね。咳疲れしました。しかもそれに伴ってのどが荒れ、ガラガラ声になって困りました。今月はラジオやナレーション、(ネタの)レコーディングなど、のどだけはほぼ毎日開けっ放し、毎日本番状態なのです。オープン・マウス・オルウェイズ。なぜ英語にした。さて、どうしたら早くのどを元に戻せるか。お医者さんからもらった薬はしっかり飲んでるものの、効き目穏やか。間に合わぬ! とばかりにネットで調べてみたら「玉ねぎにはのどにいい成分が蓄えられています。枕元に半分に切った玉ねぎを置いて寝るだけでも効果的。また安眠にも優れた作用が」とあり、早速試しました。そういえば昔、風邪のひきはじめには長ねぎを首に巻く、と聞いたことがありますが、民間療法ってすごいもんですねえ。さて、玉ねぎの話。枕元に置くと、はじめは目にも染みそうな刺激臭。多少臭くったたって背に腹はかえられないの。しかし、ガマンして眠ろうとすれば、だんだん慣れ、なるほどザ・安眠って感じで、玉ねぎから脳に直接優しく溶けだすようなリラクゼーション効果を感じました。一挙両得。翌日、その玉ねぎの匂いはなんかちょっと甘くなってました。ゆうべは臭くてごめんなさい。干からびつつ反省。そんな感じでしたので、今夜もこのまま枕元に置きっぱなしで寝てみよう。ところが、「玉ねぎは猫が苦手な成分もたくさん含む」ってことを思い出した私。おおかわいそうな私の猫よ。そこで私は、自分だけ直接嗅げるようにと、ビニール袋に新たに玉ねぎを入れ、ときどきスーハーしては眠る、という方法に至ったのでした。すごい光景です。新型ドラッグです。「アタシ、こう見えてときどき夜中に玉ねぎ吸ってるんで～」でした。

ももクロのこのエネルギー、伊豆の踊子だ！

10月×日

ももいろクローバーZの皆さんと、また現場でご一緒しました。カメラが回ってなくても、というか周りの人の目がなくとも、会った瞬間から「わあ～っ」とばかりに手を振ってくれ、キャッキャと話しかけてくれるかわいい皆さん。眩しい。私もパッと見は普通にしゃべってるつもりなのですが、顔がカーッと火照りそうになってしまいました。その無邪気さにうまく手を振り返せません。ああ、こんな今の気持ちをずっと昔にどこかで読んだことがあるな〜、なんだっけこのカンジ!?　と考えてたのですが、その晩、やっと思い出しました。『伊豆の踊子』でした。確か幼いほどに若い踊子が、風呂場から外にいる男子学生に向かって、無邪気に「おおい！」と手を振る、といったシーンがあるのです。その純粋さに男はたじろぎ、なんだか後ずさってしまう、というような光景。当時の私は読んだときに（おそらく多感な時期の男子学生の気持ちとはこういうものなんだろう）とザツな感じで理解してたのです。が、この日はそれがどういうものかよくわかったのでした。若さが発するきれいなエネルギーというものには、私がもしも男で、たとえエロい目や、ヨコシマな気持ちがもとにあったとしても、そんなもんは小さいこと！　などとして流されてしまうような、尊いほどおおらかな明朗性、清らかさ、無垢さ、があるのですよね。

10月×日

（ネタの）レコーディングで、インド人のチャダさんとご一緒しました。かつては日本で演歌のヒットを飛ばしたことのあるチャダさん。流暢な日本語を話し、インドと日本を行き来する、今や４００人の社員がいる衣料関係の会社の社長。その方にヒンディー語を教わりました。翌日はたまたまデニスの植野行雄さんとご一緒し、急なグローバル化を感じました。

目覚めたらそこはサバンナだった……深夜のセミ地獄！

11月×日

ある日の深夜4時ごろ、ベッドの下でバタバタと軽くて異様な音がし、目が覚めました。電気を点けてよく見てみたら、飼い猫がセミをくわえてるではありませんか。ぞ〜っとしました。ただでさえ苦手なセミ。それが苦しんでるなんてセミダブルの恐怖です（しーん）。それにしても猫はなぜ、飼い主に獲物を見せたがるのでしょうか、まったく見当もつきませんが、ドン引きしました。慌てふためいた私は、オットの部屋をガバッ！　と開け、「おいセミセミ！」と叫ぶと、オットは「なんでセミなのお」とのんきに聞いてきました。寝ていた布団をはがし、「セミがいるんだから処理してちょうだい！」ともはや命令形で絶叫。ああ怖かった。あの苦しむ羽音が忘れられません。あまりに苦しそうで、早くお亡くなりくださいませ、なんて思っていました。ごめんねセミ。セミも、またなんで肌寒くなってきたこの季節にこんな家にやってきたのか。運が悪かったと思ってくださいねえ。猫もまた、いつものかわいい姿と違い、野性丸出し。その野性、しまってほしい。そのあと部屋に戻って横にはなるのですが、もしかしてオットがポイ、と捨てたセミが死に切れずに生き返って、また私の部屋までやってきたりして……という恐怖がよぎります。きっと怒ってるに違いありません。殺生のバチが当たったように、その夜は神経がギラギラして、全然眠れませんでした。恐怖って、あとから人を疲れさせるものなんですね。

11月×日

ａｎｄｙｍｏｒｉのライブを観にいってきました。私はやっと初めて行ったのに、ラストライブです。残念。切ない歌詞とあのいい声にやはりグッときました。グッズ売り場に寄り、ａｎｄｙｍｏｒｉバッグ１５００円を買い、ナナメにかけて帰りました。うれし悲し。

「老後」ってよく考えたら変な言葉ですよね

11月×日

友人のお母さんの話です。「どうしよう、不安だなあ」という意味のことを繰り返し言うので、何がそんなに心配なのかと尋ねてみたところ、「老後の生活が大丈夫か、心配なんだ」と答えたので笑っちゃった、という。そのお母さんは76歳。友人は（あんたもう老後じゃん）と思ったのだけど、さすがにそこまでは言えなかったらしいです。考えてみたら老後という言葉の「後」というのも変なもんですよね。老に前後もなさそうなのに。つまり、本当は一生老後なんてない。老、だけが確実にあるってわけなのね。淡老、中老、濃老に分けたらいいんじゃないかな。「あなたなんてまだ淡老淡老。わしはもう濃老だからね……」って、ちょっと語呂が気持ち悪いですかね。老、といえば私のスタッフ女子はまだ若いのに「お爺ちゃん」が大好き。あの性も欲も枯れた感じがなんともいいのらしい。わかるわあ。この間は山田太一作品『ながらえば』の笠智衆がたまらない！　と言っていました。私もレンタルしてその作品を観てみたら、これが泣けた泣けた。気持ちよく泣けた。寝たきりの妻を名古屋の病院に残して、富山に転勤する息子一家と暮らさなければならなくなった老人（笠智衆）。妻に会いたいという思いが強まり、ある日彼は名古屋へ向かう列車に飛び乗ってしまうのです。所持金も少なく、途中下車を余儀なくされた彼は、そこで旅館の主人と知り合って……。といった内容。皆さんもこの秋、『ながらえば』をレンタルしてみてはいかがでしょう。いい顔がたくさん。そしてめっちゃうまい人たちばかり。私が「すっごくよかった、ありがとう」と教えてくれたスタッフにお礼を言ったら、「私はもう3回も観ました。よかったら笠智衆の写真集、お貸ししましょうか」と言ったので笑ってしまいました。ながらえてるわ～。（↑意味不明）

私を「ババア」と呼んでくれた名倉さんに感謝！

12月×日

私は昔から、失敗したときやボケたときなど、よく「おい、ババア！」と呼ばれていました。この業界に入ってすぐ、まだ20代だったころからですよ。（誰がババアなのさ！　キー！）と思いつつも、だんだん慣れてきました。30代もますます「ババア」呼ばわり。当然40代も楽々「ババア」。まったく失礼しちゃうわ。でしょ？　ですよね？しかしです。「ババア」と呼ばれる回数が、ここ最近めっきり減ってきたことに気がつきました。こうなってくると逆に（あれ？　ヤバいぞ）です。そうです。本当に「ババア」になると人には「ためらい」や「気遣い」が生じてしまうらしいのです。おい、ちょっとちょっと、今頃なんだよ！　な話ですが。「あ〜、ババア卒業かあ。懐かしいな〜」と、ババア・アルバムをめくりながら思い出す私。（ウフフ、ババアと呼ばれてたころほど若かったんだな〜、すっぱい思い出ね！）って。どんな損な役回りなのでしょう。生涯いいとこまるでナシじゃないの。アルバム、パタン・ポイッ＝燃えるゴミ。ところがです。先日、野沢直子とコンビを組んだ収録のときのこと。ネプチューンの名倉さんが、笑う私たちにイラついた表情で、思いっきり「黙れ、くそババア！」と叫んだではありませんか。私はうれしくなって、（なんてこと！　くそまでつけていただいた）と思ったほどでした。収録終わりに私たちは名倉さんに感謝の言葉を述べ、しかもそこからさらに彼のファンになったのだから、頭のおかしな話です。ゴミ袋から回収したアルバムの最後のページには、この時の3ショットが飾られたと言われています。合掌。って死んでないわ！　でも、もしも今「ババア」と呼ばれて悔しい思いをしている人がいるとしたら、私が断言いたしましょう。それは若さを誇れる象徴のバッジだと思っていいのよ、と。あ、バッジ、がもう古かったな。メッキが剝がれましたな。メッキも古いわ！

2015

実の弟と一緒に武道館ライブに出演して幕を開けた2015年。長年探していた夢中になれるものを見つけたり、第二の居場所を探したり、オットの地元・甲府では離婚説がまことしやかに囁かれたり……。まだ知らぬ自分の才能に初めて気づいたのもこの年の出来事でした。

2015年この人がきっと大ブレイクする?

1月×日

新年、あけましておめでとうございます。お正月休み中のあなたは、まだ眠っているころでしょうか。もう起きちゃいかがと過去が鳴く。過去過去過去過去過去。というくらい、この原稿を書いてる私は、正直まだ12月。さすが年末、変わったシゴトだらけです。桃井かおりさんになって星野源さんのライブに映像出演したり、大竹しのぶさんになりきってさんまさんとSMAPの番組に出たり、自分の武道館ライブ映像用にはインド人になって、さっきはユーミソさんでラジオに出て、と自分じゃない日々の連続です。さらに清水ミチコでの普通の仕事も。当たり前か。ところで、テレビ局で出会う人の顔は年末ほど疲れきっています。さっきは今話題の芸人さんと駐車場でバッタリ。そしたらさすが売れっ子。でっかいアメ車に乗っているではありませんか。貧乏時代をちょっと知っていたので、「あんた、よかったね〜、売れたんだねえ!」と声をかけてからかいましたが、なんでだかこっちまでうれしくなりました。駐車場のエレベーター前にも若い女性芸人がいました。セリフをブツブツさらっておられ、私も昔はこんな風だったことがあったのかなあ、などと考えたりもして、なんだか皆さんの姿にグッときてしまいました。つか、暮れになるといつも私はちょっとした光景にグッときてしまうのですが。おばさんってセンシティブなの。やかましいわ。誰がおばさんだ。あ、売れるといえば、先日放送されたテレビ東京『共感百景』でご一緒したミュージシャン、トリプルファイヤーの吉田さんの一言一言が面白くて、個人的に大爆笑でした。この方、２０１５年きっと大ブレイクなんじゃないかな。

1月×日

矢野顕子さんのコンサートで、私の左隣にムッシュかまやつさん、右隣に小田和正さんが。両手に花みたいな席で得しました。

武道館ライブにスペシャルゲストをお招きしました

1月×日

『清水ミチコ一人武道館〜趣味の演芸〜』ライブに足を運んでくださった皆さん、ありがとうございました。この日のために、TV Bros．とほぼ日にチラシも作っていただき、本当に感謝しています。正直、出る前はふと楽屋で（大丈夫か）なんてちょいちょいブルーになってたりしてたんだけど、えらいもんで、本番となり、お客さんの前に出たら一気に安心、解放感すら味わえました。フシギ。満員の会場、見晴らし最高でした。よく集まってくれたものです。写真に撮りたくなりましたもん。一生の記念ですね。気持ちよかったあ。お客、大好き〜！と心で叫んでました。さすが中年、きっとどっかで神経のタガが外れちゃっているのでしょうね。タガが外れたといえば、本番では無名なゲストを一人仕込んでおきました。なんとそれは実の弟。飛騨高山から当日の朝やってきました。よく緊張せずに本番で演奏できたもんです。実は私たち姉弟は昔、よく実家でピアノを弾いたり（得意だったのはピンク・レディーの速弾きメドレー）、歌を歌ったりと仲がよかったもんで、演芸の珍味として数分登場してもらったわけです。最後に私が矢野顕子さん、弟は細野晴臣さんのモノマネで二人でちゃっかり『終りの季節』を歌いました。「男として一番恥ずかしくない歌い方を研究した結果、細野さんにたどり着いた」のだそうです。モノマネブラザーズ、いつでも営業待ってます（貧乏くさ）。私のコドモも会場に観にきており、「国民の叔母の弟、ってことは、叔父」と言ってました。しかし終わってから後悔したのは、お客さんから「大竹しのぶをやってほしかった」とメールをいただいたこと。一番おいしいのにうっかりしてました。もったいない。いつか、大竹しのぶさんだけになるライブもやってみたいほどなのに。やっぱりどっか、あがってたのかもしれませんね。

落ち着いて避難！　ホテルで寝てたら火事発生？　の巻

2月×日

クラシックコンサートの司会を頼まれ、三重と和歌山の県境へ。なんという風光明媚な景色だ！　と驚いていたらそれもそのはず、世界遺産に認定された地域だったのでした。うっとり。しかしホテルに泊まったその晩、というか明け方の4時ごろ、8階の私の部屋にサイレンが鳴り響きました。就寝中にやれやれ。アナウンスで「ただ今、6階の火災報知機が作動しました」と何度も繰り返されます。こわ。そして3分ほどたったら、「火事です！　落ち着いて避難してください！」というアナウンスに変更。サイレンももっと過激なタイプに。身体は震えあがり、すぐに着替えて、非常階段から避難しました。クラシックの演奏家の皆さんもボーゼン。一時間後。「お騒がせして、申し訳ありませんでした。お部屋にお戻りください」（めっちゃペコペコ）とホテルのスタッフ。6階に宿泊してたお客さんが、空気が乾燥しないようにシャワーをしばらく出しっぱなしにしていたら、火災報知機が誤作動した、とのこと。新築のホテルだけに、感度が鋭いヤツだったんだね。こっちはそのあと神経過敏になって眠れなくなっちゃった。でも、翌日は休みだったので、朝はゆっくりで上キゲンな私。そして街をブラブラ。喫茶店でマネージャーと二人、トーストとコーヒーを頼み、お会計をお願いしたら「千円ピッタシでいいよ」と言います。感謝しながらも計算すると、50円オマケしてくれたみたいでしたが、喫茶店でオマケしてもらったのは生まれて初めてかもしれません。そのほかにもお土産を買ったらレジの女性が「うわ〜、いいの選んだね〜。私、コレ（イカ）大好物なの。若干高いやつだから買わないけど。ははは」など、めっちゃ気軽に話しかけてくれるいい街でした。タクシーの運転手さんなんかは、運転しながら歌まで歌ってくれ、そのサービス精神にカンゲキしたのでした。

仲がいいから別居もできる？　夫婦の形は様々だ

2月×日

知り合いが、「別居しました〜」とニコニコ言いました。夫を嫌いになったわけじゃないし、仲も悪くない、昼間は仕事も一緒にやっている。ただ、一緒に暮らすのが面倒で、イヤになっちゃったんだそうだ。「思いきって自分用のマンションをローンで買ったら、肝が据わった。今、サイコー！」と言います。こんなことができるのも、彼女の経済力のなせるワザかもしれませんが。いつか読んだ本の中に「自由と幸福は、両立できないようになっている。なぜなら本当の自由とは一人でなければ味わえないものだし、真の幸福とは一人では作りえないものだから」とありましたが、奥さんは自由のほうを選択したワケですね。なんとそんな話をご主人も「まいっちゃった〜、えへへ」などとニコニコ聞いておられるのでした。仲がいいから別居もできるんですなあ。思えば夫婦って、パターンとしてこれぞ「ザ・普通」ってのがありそうでなかったりするのかもしれません。どこの夫婦もみんな変っちゃ変なんじゃないかな。と考えるとつくづく面白いなあ、と思いました。

2月×日

唾液をDNA分析してもらうと、身体の病気のリスクなどが細かくわかるというキットが話題になりました。私もやってみたのですが、自分を改めて分析、説明してもらいながら、じっくり見学してるみたいで、自分のことは何もわかってないもんなんだ、という感慨とともに、なかなか面白かったです。ちなみに私は野菜と鮭をもっと食べ、運動しなきゃいけないそうです。最近はこれに似たパターンで、性格分析ってのも出たらしいのですが、粘り強さ、集中力、社交性、慎重さ、そういうのが出るんだそうです。うわあ、こっちは恐いな。落ち込みそうで手を出す気になりません。将来、会社の面接とかでこの分析結果を提出させられるような時代になったりして。わ〜やだな！

え、矢野さんで歌っていいの？　私の時代が来た！

3月×日

テレ東『しまじろうのわお！』という番組から、作曲依頼がありました。やった〜。歌唱もお願いされましたので、そのうち観てみてくださいね。と思ってたら、サニーデイ・サービスの田中さん監修のラーメン本『Ra:』の付属CDの中で、「ラーメンたべたい」を歌ってほしいとの依頼が。田中さんのほか、サニーデイ・サービスの曽我部さん、くるりの岸田さん、クラムボンのミトさん、BRAHMANのTOSHI-LOWさん、RONZIさんという、そうそうたるメンバーです。当然、矢野顕子さんで歌っていいという。来たわ〜、私の時代が。インタビューのマイクが見えます。まあそうですね、なんとなく、ヒタヒタと音は聞こえていたんですよ、背後からね。あ、来るんじゃないかなあ、って思いましたよね。この波にライドするしか今、ないんじゃない？って感じですよね。ほら、サーファーみたいな仕事なんですよ、実は。というか波に乗るっていうより、気がついたらひとつになるっていう感覚なんですよね。地球と抱き合うだけ。今日、受賞して一番ビックリしてるのは私かもしれませんね。当たり前のことしてただけなんで。え？　このミッちゃんブーム何度目かって？　マネージャー、何回目？　ヒソヒソ。え〜、通算28回目、嘘みたーい。とにかく、皆さんありがとう！（と言いながらブロンズ像を右手に振りつつ、投げキッスをする）……と、そんな挨拶を用意しています。

3月×日

和田誠さん、平野レミさん、森山良子さん、阿川佐和子さん、といったメンバーと代々木上原「ゆうばーる」で夕ごはんをご一緒しました。数年ぶりの最年少です。輝きました。世の中まだまだ何があるかわかりませんね。それにつけても森山さんの品のよさよ。押したりしないんだ〜。そして、品っていうのはその人の「優しさ」によーく似ているように感じました（お前が言うな）。

それはきっと「ニュース」が多すぎるから？

3月×日

駅を歩いていたら、「どうなっとるんだろうね〜！　社会は！　日本はこんな国じゃなかった。もう、もう何もかも終わりだ。解散！」と、ブツブツ繰り返し言いながら歩きまわってる人がいました。私も（そうですねえ）と、うなずきたいような気もしたのですが、歩きながら考えてたら、果たしてどうだろ、と思いました。「昔イコール平和」というのはありがちな感慨ですが、事実そうであったのかどうかはなかなかわかりませんよねえ。案外昔から残酷な事件はずうっとあったりしますので。ただ、漠然と昔が平和だと感じるのは、日々細かくニュースとして伝達されてなかった、というところも大いにあるのではないでしょうか。スクープ映像もなく、新聞を読んで想像するだけで、それすら個人的なジャッジを含むような記事だったりする。けれどそれしか知るきっかけがないから、それで終わっていく。だからそれに対する意見も語られない。知らぬは清い、ってな言葉がありますが、報道が今みたいにされてなかった。これが一番大きかっただけなんじゃないでしょうか。昔から人は野蛮にできている、なんてのは極論かもしれませんが、今の時代、こう見えても実は違う視線で見ればまだ十分平和なのかもしれません。いつか外国の方に「なんで日本はアフリカ大陸あたりのニュースがいっさい放映されてないの？」と聞かれたことがありました。いっさいかどうかはわかりませんが、「そうだったわ！　知る権利があるわ！　もっと報道すべき！」と立ち上がりたいとはとても思えませんでした。もういいよ……とお手上げです。残酷なニュースのほうが世界的にも肉体的にも興奮させ、駆け巡りやすいと聞きます。報道過多こそが、興奮と疲労のマッチポンプを作っていそうなのでした。

ワイハで2kg減！　私、生まれ変わります！

4月×日

ハワイ島、オアフ島の2つの島で遊んできました。旅先ではアクティブでない私。いい天気の下、本を読んだり、買い物したり、コンドミニアムで知恵を絞って、料理を作るのが私にとっての楽しみなのです。そのせいでしょうか、「また行こう！」とリピーターとして再び誘われることは滅多にありません。しかし今回は一緒に行った友達に誘われるまま、外で遊んでみました。ドライブ、乗馬、散歩、イルカと泳ぐ、水族館、バードウオッチング、海岸でサンセット見学、など。なぜか動物ものが多いのは私のリクエストにもよるものですが。（わ〜、私って数日普通に遊べるんだ、知らなかった、面白い！）の世界で、完全に引きこもりを直していただけました。しかも、なんということでしょう。帰国したら、体重が2kgも減っているではありませんか。そうなんです。ストレスがなかったせいか、食欲に走らず、足や腕の筋肉だけ疲れており、ちゃんとスポーツをしてきた、という旅になれたのです。人生初。50代でのマイナス2kgは、20代のマイナス10kgに匹敵すると言われています（JAMHOUSE調べ）。ああ、私はいっそ生まれ変わろう。ポスト・田中律子と呼んでください。キャンプ場で、リュックを背負ってバンダナをポッケに、ランプの下で笑いたい。ちなみに海岸ではパドルサーフィンというものを初めてじっくり見たのですが、ゆっくりスムーズに進んでいくのがよかった。あのパドル棒もいつか手にしてみたいです。しかし、この旅で最も目にした棒は自撮り棒。観光地にはお決まりなようですね。「自撮り禁止棒」を開発したくなりました。それにしても3月のハワイは寒かった。ダウンを着てる人もいて、常夏の島ではなかった。でもココナッツの島ではあるようで、今話題のココナッツオイルだけ、やたら売れてました。

かくして観光客は社会へ戻っていく〜NEXでの光景〜

4月×日

ハワイ話の続きです。行きの機内で私の席の隣に座った男性が、傷だらけでびっくりしました。どこの国の方かもわかりませんが、傷に貼っている絆創膏もガムテープみたいなヤツで、しかもすごく雑な貼り方。あなたは、いったい何があったんですか？　と聞きたいことだらけでした。帰りは成田エクスプレスに乗りました。時差ボケも手伝って、うつらうつらと眠っていたら、「ええ〜っ!!」と車内に随分大きな悲鳴が聞こえ、目が覚めました。「し、死んだの？　嘘！　いつ！」と大声のまま携帯で話を続ける中年女性です。どんなことがあったのか。ドキドキしながらその後の会話を耳をそばだてて聞いてしまいました。「だって叔父さん、まだ大丈夫だよって言ってたじゃない。だから私、安心してハワイに行ったんだけど？」とおろおろする声。そして「えーっ！　今からお葬式？　無理無理！　こんな格好で行けないわよお〜！」。ふと見ると、ブルメリアの花のついたワンピースに麦わら帽でいらっしゃいました。人生、いろいろあるのですね。

4月×日

『たけしのニッポンのミカタ！』に出ました。ハケ職人さんの話の流れから、ビートたけしさんが「ウチのオヤジもさ〜」とおっしゃるので、ペンキ職人時代の話かしら、と思ってたら、違いました。「漆を塗ってたんだけど、漆ってのはどうしてもかゆくなるから、免疫をつけるために最初は一気に漆を飲まされたらしいよ」。漆を飲まされる、という行為にもびっくりしましたが、菊次郎さま（父）は漆職人でもあられたんですか！　と、そっちにも驚きました。塗装業全般なんですかな。そして、「俺も今、絵を描いててさ、細かいところはネイルアートのペンが描きやすいんだよね。おネエちゃんに頼んで買ってきてもらうんだ」とのことで、どこまでアートな人生なのであろうか、と思いました。新作映画も楽しみです。

ミュージシャンは外国人になりたがってる？

5月×日

数多のミュージシャンには、外国人になりたいという夢があるのではないか、と私は思っています。なんといっても、幼いころから身体で会得しているリズム感が違う。音楽とは第一にリズムだと言われますが、聞くところによれば、日本人には〝裏拍子〟の感覚がないのだとか。1・2・3・4と四拍子のとき、裏を感じるには練習が必要らしいのです。ミュージシャンの特徴として挙げられるのが、必ずと言っていいほどどんな人でも終わったときに握手をしてくれるというのがあります。もっと激しい人となるとハグまでされます。ハグて。なんとなく人様の身体にあんまり触れてはいけない、とされていた日本人の感覚には、握手ですらなかなかで、求められたなら対処はできるのですが、積極性には欠けるもの。ハグなどはもう受動態でしかありません。だって、「ハグはちょっと……」などと断ったら（グローバル化のできないヤツ）と思われる。しかし、同じ日本人でありながら、ミュージシャンたちは自然にやっている。これをずっと不思議に思ってたのですが、ロックミュージシャンなど、日本語の英語風な歌い方（タ・チ・ツ・テ・トは、チャ・ティ・チュ・チェ・チョに変換）も多いし、バンド名はもちろん、個人名もアルファベットが過剰に増えてきています。そして、英語の歌の発音もすこぶる進歩していて、聴いていてもまず心配になることがありません。グローバル化よりもいっそ外国人になる！　これは、あのリズム感をつかみたいがため、なのかもしれません。ところで、逆に外国人にはなかなか日本人の〝一本締め〟のリズムが取れないのだとか。あれも「よお〜っ・ポン！」という、一見簡単な所作のようで、これもまた私たち日本人の身体が自然と会得した作業なのでしょうね。土地とリズムとは案外切り離せない感覚のようです。

夢中になれるものようやく見つけました

5月×日

今頃ですが、海外ドラマ『ダウントン・アビー』にハマっています。実は「やっと見つかった！」という気持ち。私は何でもいいから〝夢中になれるもの〟が欲しかったのです。そして、ずっと探していました。あっという間に時間が経っちゃってるような、時計を見てぎょっとしちゃうような、無我夢中のあの心境、あの境地。というのは、実は周りの友人たちが東方神起に夢中！　なのですが、それがとてもとても幸せそうなのです。考えてみれば世の中に、「うつつを抜かす」という状態ほどの幸福感はないのかもしれません。そこで、テレビで『ダウントン・アビー』をときどきは観てて面白そうだったことを思い出し、1話目からレンタルしてみたら、あなた。めっちゃ面白いじゃないですか。20世紀初頭のイギリス貴族と、それに仕える使用人たちのお話。まあ、一日があっという間に過ぎること。それにしても、です。私はそれらを吹き替え版にして観ているのだけど、この「海外ドラマ」における日本語吹き替えの声優さんの持つ声のトーンの独特さって、いったい何なんでしょうか。たまに笑っちゃう。まるでネタをやってる友近さんがたくさんいるみたいなのです。その役になりきる、という前に（外国人を演じるあのトーン）ってのをいったん踏まえてから芝居に入っている、という順序にしか思えないのです。なんと妙な様式美。日本独特のものなんでしょうかね。そういえばいつかは日本人による『オリエント急行殺人事件』をやってたのを観たのですが、主役の方が、かつて吹き替えだった声優さんの声をそのまま踏襲したらしき、ポワロの口調でお芝居をしておられ、やっぱりものすごく独特でした。一人だけ外国人風だったのです。ま、中身が素晴らしいので、両方とも全然いいんですけどね。

あなたの第二の居場所はどこですか？

6月×日

心理学の本を読んでいたら「第二の居場所を持つことは、人生で重要なアイテムになる」という内容が書いてありました。第一の居場所というのは家だとか会社といった〝いるのが必然の場所〟。そしてその第二とは〝自分だけがくつろげるスペース〟。それは喫茶店でも好きな公園でもいい。心をぽかーんとできる場所を持っておくと、その都度自分に立ち返ることができる、それがあるとないとでは随分違う、といったような内容でした。というわけで、このところヒマさえあれば、自分にとって（ここはどうかな？）と、第二の居場所をずっと探していたのですが、探せば探すほどに、この喫茶店はタバコの臭いがするし、このお店は視線が気になるなど、「これ！」と思える場所がイマイチないのがわかります。私って案外神経質なタチなのかな？　ところが、こないだ雑誌をめくってたら、とあるライブラリー・スペースを発見！　年会費一万円がかかるのですが、月々千円もしないまま、こんなに静かできれいな場所に好きにいられるの？　でした。ミニ図書館みたいな感じでセンスもいいのです。私はいたく気に入り、周りに吹聴してまわりました。そしたら一人、こんなことを言った男性がいました。「そういう場所なら、俺とっくにある」。それはどこかというと「新宿の献血ルーム」なのだとか。ウケる。なんでも献血をすると、横になって飲み物もいただけて、〝どうぞおくつろぎください〟感たるやハンパないのだそうです。仕事中のサラリーマンであろう方々の姿もよく見かけるので、（ご同輩、先日もいらっしゃいましたね）という目線のやりとりもあるみたいです。「こっちは無料だし」とのことで、すっかり負けた気がしました。

え、あのヒト「読者」なの？　しっ……来たわよ

6月×日

野沢直子ちゃんがたった2日間帰国。私とは2時間ほどしか会えなかったけど、ウチ

に来てごはん。どんなに雑に作った料理でもいつも喜んでくれます。その時、話の流れで私が「直子ちゃんのブログで読んだんだけどさ～」と言ったら、「あ、読者だね」と真顔で言われたのが、やたらおかしかったです。ずいぶん古い友達に向かって「読者」って。水くさくない？　彼女のこういうところ、平野レミさんみたいです。すぐ率直に言葉にしちゃう。しかも「読者」という語呂のおかしさに生まれて初めて気がつきました。静かな相談口調で「私ってもしかして、読者なんでしょうか？」と言ってみたりして。皆さんも、放送禁止用語みたいに一度口にしてみてください。おかしみが増します。（あのヒト、読者なんだって）（うそでしょ）（それが、あの人だけじゃないの。母親もそうらしいし、結局そういう読者の家系みたいよ）（普段は読んでないみたいな顔してねえ）（人間ってわからないもんねえ）（……あ、来たわよ）（しっ）（こんにちは～）なんて。たまに野沢直子ブログに登場する私は「読モ」（読者モデル）となるのかもしれませんが、「清水ミチコ、実はドクモだった」……ドクシャ、ドクモ……〝毒〟とかぶるからなのかなあ……って、この連載もブロス読者の皆さんのおかげだっての。

6月×日

翌週は、南伸坊さんたちと文壇バーみたいなお店へ。「有名人のKさんは、自分の神社を建ててる」という話をしたAさん。すごい話です。しかし「Kさんは会ってみると謙虚な人なんだ」と言うので、つい「謙虚なわけないわ〜」と笑ってしまった私。これを発端に南さんと二人で「謙虚判定委員会」を発足。初対面の人も多かった中で、いちいち人の言うことに「今の言い方どうでしょう？ 先生」「謙虚でしょう」などと判定しました。楽しかった。それが一番謙虚じゃないわな。

よくぞ言った！ 『鳥獣戯画展』で耳にした名言

7月×日

『鳥獣戯画展』に行ってきました。大人気らしく、平日なのに180分待ち。ものすごい長蛇の列でした。やっと絵画にたどり着いても、すぐに立ち去らなきゃいけない〝歩きながら状態〟での鑑賞で、正直もっと観たいなという気持ちでした。とはいえ、そんな人数だけに、背中のほうから「立ち止まらないで前に進んでくださ〜い」という係員さんの声がすると、やっぱり前へと急いでしまうもの。しかし、強者が現れました。絵画を観終わったはずの、とある中年女性が、観足りなかったのか列を逆流して、もう一回割り込もうとしました。すると、「戻らないようお願いします」と係員さん。そりゃそう言うでしょう。皆ガマンしてんですから。しかし、彼女はこの声にキレたようでした。「私、ずうっと立って待ってたのよ！」。周りからの大注目。私も息をひそめてると、彼女はその後こう言い放ちました。「ちょっとは浸らせてよ！」。笑った。ちょっとは浸らせてよ！　いい言葉です。ああ胸がすいた。よくぞ今、私たち全員の気持ちを、短い一言で代弁してくれた！　ってなもんです。その人は大声で怒ってて、恥もかいてるみたいだったけど、拍手したいほどでした。こういうことってありますよね。誰だって常識人でいたいから、大人しくする。でも、じっくり観たいんだってば！　ってのは、案外誰も叫べない。誰にも罪はないんですけどね。

7月×日

徳光和夫さん司会・BSジャパンの『名曲にっぽん』に出演しました。なんと、ピアノ弾き語りで森山良子さんと『丘を越えて』を（私は矢野顕子さんになって）デュエットしました。さらに、秋川雅史さんとは、『卒業写真』を（私はユーミン様になって）デュエットできました。すこぶるうれしかったです！　そんなワケで美術系よりも音楽業界のほうが、ずっと頭が柔らかいんだな、っていう印象になった一週間でした。

甲府の皆さん！　私は離婚していません

7月×日

オットの実家（甲府）に、夫婦で墓参りにいきました。一緒に行ったオットの母が、歩きながら私に言いました。ある日、知人にばったり会ったところ、言いにくそうに「息子さん、今は何をしてらっしゃるの？」と聞いてきたんだそうです。「え？　なんも変わってないよ。相変わらず同じ会社で……」と答えると、ものすごく驚きつつ「だって、とっくに離婚したって聞いたよ!?」とその人。（いったいどこからそんな噂になるんだろうか……）。義母がそう思ってた矢先のこと。今度は近所の工事現場で、何ができるのかなあと見物していたら、背後から「噂によると、清水ミチコが芸能事務所を作ってるらしい……」と誰かの声が聞こえてきたんだそうです。義母は「違うと思いますよ、と振り向いて返事するのも変だし、黙ってたさあ〜。まったく噂ってのは不思議なもんだねえ」と笑ってました。私は想像しました。オットとの離婚後、オットの実家の近所に芸能事務所をあてつけのように建築する私。見とけ、私の再出発！　みたいな顔を想像すると、おかしい。

7月×日

平野レミさんに電話しました。「今、大丈夫ですか？」「うん、だ、だ、大丈夫、大丈夫！」「今度の飲み会の話で、ちょっと長くなるんですけど〜、この日がこうで〜」などと3分ほど会話をしたあとのことです。レミさんから返ってくる返事が、なんとなくフガフガしてはいたのですが、さして気にもせず任務を遂行。最後にレミさんが「うん。わかった〜！」と言い、ついに「ウワ〜ッハッハッハ！」と、まさにもうガマンできない！　というカンジで大爆笑しました。「どうしたんすか？」と聞いたら、「あのさあ〜、今さ〜、アッハッハ。周りに人がたくさんいるもんだから〜、この話みんなに聞かれてるみたいでサ〜、話しにくいな〜って思ってたの。ア〜ッハッハ」「え？」「今さ、番組の打ち合わせ中なんだよ、ミッちゃん」。言えよ！

MISIAさんのアンコールで私が登場!?　の巻

7月×日

MISIAさんのコンサートのゲストで、国際フォーラムへ。客席から彼女のコンサートを観たことはあるけど、今回は舞台そでから拝見。圧倒的なパワーと実力、そしてかわいいMC。すごいバランスです。こんなにしゃべり方と歌声が違う人間がいるのでしょうかってくらい。そして、魂がきれい。それが私にもうつって性格が直るかのよう。なんだかそんな気になります。それにしてもMISIAさんのライブは、まるで神事でも見るかのようでした。ただしかし、私の出番がなぜか「アンコールの時間にお願いします」とのことで、出にくかったことこの上なし。笑うわ〜。鳴り止まない喝采と、「MISIA！　MISIA！」コールの中、おめおめと出ていく私。まったく不思議な人生です。でもいい経験でした。受け入れてくれたお客さん、そして声をかけてくれたMISIAさん、本当にありがとうございました〜。

7月×日

野沢直子が帰国。日本の夏がやってきた。今回は2カ月もいるんだそうです。早速二人で映画『マッドマックス』でも観ようと、六本木ヒルズで待ち合わせ。チケット売り場でしゃべってたら、背後から声をかけられた。なんとKABA.ちゃんと遭遇！　こんな偶然があるのでしょうか。KABA.ちゃんとお友達と私たち4人、片手にポップコーン組が、並んで席に座ることができました。賑やか。周りの皆さん、クスクスしてすみません。だって、あんまり映画がバカバカしくて笑いが止まらなかった。MADが本当にMAX。豪快な映画で気持ちよかったあ。そして帰りはしょうが料理専門店でごはんを食べました。地味。さすが中年。

7月×日

カフェで青年から声をかけられました。「清水さん、時代がもしも違ってたら、間違いなくユーチューバーになれましたよね！」。なんという絶妙な微妙さだ。

く、く、く、熊じゃ～！　野生の熊じゃ！

8月×日

こないだ実家に帰ってきました。その帰り道、オットが運転する車から景色を眺めていたところ、大きな川を一本挟んだ山の斜面を、一匹の熊がよぼよぼと歩いているではありませんか。思わず息を呑みました。野生の熊を見たのは初めてで（わあ熊が山にいる！　本当にいるんだ）当たり前ですがそんな感じ。そして、熊に対してヒトは、恐怖を抱くのと同時に、尊敬、畏敬みたいな念が湧くものなんだとわかりました。拝みたいような気持ち。「アタシ、生まれて初めて見たよ。毛はぼろっぼろだったけど」と弟に電話で話したら、「あっ、俺も去年、遠くから初めて見た。これだけ発見されてるってのは多分、エサがなくて降りてきてるんじゃないか」とのこと。わあ、おいたわしや熊さま。さりとてどうしたらいいものかわからず、遠くからじっと思案にくれるだけの婆であった。（寺の鐘ゴーン）。

8月×日

『27時間テレビ』に出ました。「ユーミンで歌ってください」とのこと。どんな発注なんだ。清水ミチコじゃダメなんですか。一位じゃなきゃダメなんですか（古い）。しかも私も歌ってる途中でだんだん本気になっちゃって、うるっときそうになって（我ながらいい歌だな〜）なんてしみじみ思ったりして。あ、我じゃないか。ところでツイッターでは「シーサイドがよかったです」とありました。ノーサイド！

8月×日

志の輔さんの落語を観にいってきました。私はそう落語が好きなわけじゃないんだけど、正直、初めて（うわ〜、面白い！）となり、友人Aも観てきたというので思わず絶賛。しかし、どの誉め言葉も〝落語のうるさ型〟に聞こえてしまう。誉め言葉って、気を抜くとあっという間に上から目線になるんですね。「あすこの間合いが、志の輔らしいやね」「腕をあげたね」「アタシなんざセンス片手に毎度観てますから」。だんだん意味不明。

私の特性が判明！　自分のことってわかりにくい!!

8月×日

たまに出ればいつも後悔を背中にしょんぼり帰宅する『Qさま!!』。ところが今回呼ばれた3時間スペシャルのクイズの中で、ある一瞬、自分の目覚ましい活躍ぶりに驚かされました。知識があるかないかの方面ではないですよ。10倍速で流れる曲名を当てるクイズ。一人浮いてるくらいだったのでした。正直、私の特技ってこっちかもしれない！　耳だけかも。半世紀を過ぎた私の人生、知らなかった自分の特性が今頃わかるっていう。長生きはしてみるべきですね。社会になんの役にも立たなそうな中身だけど。それにしても自分の個性というものは本当に意外と気がつかないというか、わかりにくいものみたいで、知らないままの人生のほうが実際は多かったりして？「本当の私をわかってほしい」といったような歌の歌詞ってのはたくさんあるけど、じゃあ、自分では自分のことを本当にわかってるのか？　というと絶対無理そうです。

8月×日

セミの声で目が覚めました。お隣んチの立派な桜の木で鳴いているらしきセミ。本当に目覚まし時計のようなあのジジジジジジー！　という強い音量で、二度寝ができない。うるさいったらありゃしない。かわいそうにセミは8日しか生きられない、とは聞きますが、1日でも長いよ！　と思いました。セミは自分でもうるさいと思わないのかな。セミの耳こそどうなってるんだ。

8月×日

野沢直子、KABA.ちゃんとカンコンキンシアターへ。笑い疲れるとはこのことか。テレビで見せない黒い関根さんは素晴らしい。大久保で韓国料理を食べながらみんなで絶賛しました。

暑い中、待たせたお詫びに、お～いお茶

9月×日

玄関でチャイムが鳴り、「宅配でーす」との明るい声。「ハーイ！　今行きます～」と返事をしたのはいいものの、パジャマだったので、急いで着替えて玄関へ向かったのですが、うっかり受け取り印鑑は2階だったわ、と、また引き返すなどしてしまい、真夏の暑い中、3分は待たせてしまいました。（これ差し出してみるか。失礼か？）とか思いながら、荷物を受け取ったあと「暑い中ごめんね」と冷えた缶のお茶を渡したら、「わ～！　あっざーす！」と気持ちよく受け取ってくれました。案ずるより産むが易しですね。冷えて遠のく罪の意識。ちなみにそれは「お～いお茶」だったのですが、このネーミングは見るたび、自分がお茶なのに、呼びかけてるみたいで面白いです。昔、駅の売店で、小さな子どもが「おしいお茶」と読んでました。「～」の伸ばす部分を「し」と読んでたんですね。おしいお茶って、味覚すぐれすぎ児童か。むしろおしいのは君だよ！

9月×日

テレビ朝日『モーニングバード』で、「故郷、高山のことについてしゃべってください」と言われたのですが、そのディレクターさんの打ち合わせが早い、うまい、面白い。そしてテンションも高くない。ここ大事。高いテンションの人はたまに恐い。おそらく本人の中に潜んだ小さな恐怖（不安や義務感）があり、それを隠そうとしてテンションが上がるのかな？　そしてその不安がこっちにうつるのでは？　ところで（最後はサービスでモノマネしちゃいますか）と、頼まれてもいない大竹しのぶを付けて差し上げました。そしたら、「今日はありがとうございました。最後、若干茶番に付き合った気がしました！」と爽やかに言われ、「ああそれは悪かったですね！」と私も笑顔で返答しました。こんな日もある。

愛知・岐阜・三重出身者に見る中部的立ち位置

9月×日

中京テレビの番組で、オアシズの二人、熊田曜子さん、足立梨花さんと私という、中部地区出身タレント勢揃いでの収録がありました。しかし改めて考えてみると、この地域、愛知、三重、岐阜あたりから出たタレントで「ワシが天下取ったる！」という人は希薄です。東京に出てきて〝なんとか生活できてる〟というだけで、「ワシもう充分です。落ちるの恐いし、これ以上はどうぞお構いなきよう」となってしまうフシがあるのではないでしょうか。私と大久保さんなども、芸人枠であるというのに、まず声を張るということがありませんし、ぼそぼそしています。光浦さんに至っては「実はボケたことが、一度もない」と言います。（あ、あいつ今、ボケたんだな）と思われたら恥ずかしいのだそうです。（スベッたら恥ずかしい）という不安なら聞いたことがありますが、その前段階とは。熊田さんもまた、グラビアとバラエティの間という（どっちでもOK）な中部的立ち位置。ところで番組の中でこんなことが。名古屋といえば「山本屋の味噌煮込みうどん」が有名なのですが、この本店にはなんと「味噌なし」というメニューも最近はあるらしいのです。びっくり。だって、そうなると「普通の鍋焼きうどん」になってしまうのでは。しかし、ここなんですよ。「断固としてウチは味噌！」という自分の店の看板を頑なに貫かず、すぐに（味噌が苦手という観光客の方にも）と優しく融通をきかせてくれるあたり、中部だなあ、と思いました。西にも東にも、お・も・て・な・し（古い）。早速スタジオで「味噌ぬき鍋焼きうどん」をいただいたのですが、出汁は濃口、うどんは硬めという意外と調和のとれたおいしさに、ずっとみんな黙ったままますすってしまい、「もう食べないで！」とカンペが出され、そのままガッと下げられてしまいました。

ジムの人たちはちゃんと口も鍛えてるようで

10月×日

私が「週に一回、ジムに行ってるんだよ」と言うと、大概の人は驚きます。どうもそうは見えないらしい。それどころかなんと、今のところ私は都内の２つのジムの会員だったりします。ひとつは長年通っている高級っぽいジムと、もうひとつは最近見つけて入ってみた近所の安いジム。しばらく両方に通ってみて、最終的にいいほうに決めようというわけです。とはいえ、近所のほうは空いた時間に行くのに便利だし、高級なほうは行っただけで気持ちがリッチになるし……で、どちらにもよいところがあるのでなかなか絞りきれません。ところで先日、著名な歌手の方が、そのリッチジムのインストラクターさんと結婚したとニュースで知りました。早速「結婚されたんだって？」とそのジムの方に聞いてみると、「はははは、なんですかね。あ、それよりこのプログラムなんですが……」などとごまかされました。仕方なく今度はフロントの方に聞いてみたら、「またまた、ご冗談を〜」みたいな笑顔で言葉を濁されました。結局、真相を突き止めることはできなかったのですが、でも私はうれしかった。なんて信用できるスタッフなのでしょう。こういうお客さんの情報を口外しないのって大事だよね〜（じゃあ聞くなよ）。ところがそんなある日、口の堅いスタッフさんたちが静かながらにとてもカンゲキしてた風だったので、「なんかあったん？」と聞いてみたら、「ここのメンバーさんでもある、ラグビーの（外国人名）監督が勝利なさったのです」とのこと。そっちのメデタい情報は大丈夫なのか!?　と思ったのですが、私はその話をよく知らなかったので曖味に「それはそれは」などと言って微笑みました。（いいから結婚したのはどのインストラクターか教えてくれよ！）とは、さすがに言えませんでした。

金萬福さんと再会、全然変わっていませんでした

10月×日

Ｅテレ『ＳＷＩＴＣＨインタビュー 達人達』という番組で、「マツコロイド」の製作者である石黒浩教授と対談しました。石黒教授そっくりのアンドロイドと、美女アンドロイドのお二人を背中にしながらだったのですが、どうもそのアンドロイドたちからも視線を感じる。頭では（ロボットなんだ）とわかっているんだけど……。部屋にあったらとても眠れなそう。私は知らなかったのですが、『マツコとマツコ』という番組でのマツコロイドの声は、モノマネタレントのホリさんが担当なさってたそうですね。「そのうち、ロボットの後ろに人間が回る時代が来るんじゃないの？」などと思ってたら、とっくに始まっていたではありませんか。今後はタレントアンドロイドのニーズが伸びるとともに、モノマネタレントにおける不思議な需要も伸びてきそうですね。それでは

今日はこの辺で（と、コメンテーター風に）。

10月×日

日テレ『トリックハンター』へ。昔、『浅草橋ヤング洋品店』という番組で長い間レギュラー同士だった金萬福さんと再会。香港の彼の家まで、ロケに行ったこともありました。久しぶりでしたが、全然変わっていませんでした。老けない、屈託ない、話嚙み合わない。

10月×日

久々に友人と会い、飲んだ帰り道にプリクラで撮影。興味半分にやってみたんだけど、シワもシミも勝手になくなっているし、目は巨大化され、頰も削られ、もはや別人。笑った〜。ノーメイクなのに、しっかりよくあるプリクラ風の顔になっているのでした。でも、「これがお望みなんでしょ。こうなりたいんでしょ。ハイ」と、一方的に言われたみたいで悔しい気もしました。本当の自分って何？　という本が売れる一方で、虚像でしっかり賄えている産業もこうしてあるんですね。と、最後もコメンテーター風に締めてみました。

病院探し、諦めないで（真矢さん風に）

11月×日

知人から聞いた、ちょっと焦る話。知人の飼っているプードルが、散歩中につまずいて足を悪くしちゃったらしく、夜中に動物病院を探したんだそうです。しかし、なかなか営業しているところが見つからず、焦りつつもネットで検索。すると一軒発見。即決で予約をして車で直行したところ、「骨折してるので手術が必要」とお医者さんに言われたんだそうです。「すぐにでもお願いします！」とナミダ目で言うと、すぐさま料金表を渡されたのですが、それを見て仰天。「パッと見たとき、66、000円に見えたんだけど、よく見ると660、000円で……」。焦りで震えながら違う病院を探すと、もう一軒発見。めでたく良心的なお医者さんが見つかり、手術に成功。で、気になるお値段は、結局5万円くらいで済んだとのことで「安堵したら、また涙が出た」とか。なんて話でしょう。「焦ってると、ハンコ押しそうになるし」とのこと。私はフンガイしそうになりました。お医者さんもいろいろなのは、しょうがないのかもしれないけれど。

11月×日

隣の楽屋が所ジョージさんだった、先週の話。トコロさんに電話がかかってきたらしき声が聞こえてきました。『北島三郎です』じゃないよ！　かかってくるわけないじゃん！」と楽しそう。「わかったよ、じゃあ日曜日ね。朝、ゴルフ行く。昼、メシ。で、夕方からウチ来てゲームね」と子どもみたいな大人みたいな内容。あとで「誰と電話だったんすか？」と余計なことを聞いたら、「たけしさんだよ」とのこと。大の大人が休みの日に遊ぶ約束してはしゃいでるって構図が、おかしかった。「いいですね～！」と言ったら、「ゲームの配線すんのめんどくせえ～んだぞ～！」とニヤニヤ。意味不明ですが、男が二人で仲がいいのって、なんかおかしみが出るものですね。

11月×日

あ、あいや～!!　私の実家で中国人が大騒ぎ！

ウチの実家は1階がジャズ喫茶（といっても現在は、ただジャズをBGMで流してるだけの喫茶店なんですが）で、2階から4階が住居になっています。ある日のこと、母が2階にいたら、下から強烈な叫び声がこだましたそうです。その尋常じゃないカンジに「なんだろう？」と耳を澄ましてみたら、どうやら中国人の団体がお店のトイレにいるらしい。しかも、「おい、ちょっと来てみろ！」とばかりに数は増えていく。そしてまた嬌声と大爆笑の連鎖。どうやらドアを開けると同時にトイレのフタがカパッと開くのが、ものすごくおかしかったらしいのです。これを聞いて私も笑いました。そうだった。今では見慣れてしまったけど、あれは最初見たとき、なんかいきなり口をあ〜ん、ってしてくれてるみたいに見えたもんでした。笑いも怒りも悲しみも、感情というものはどれもすべて先に驚きがあってから始まる、という言葉を思い出しました。

11月×日

全国ツアー『清水ミチコ一人フェス』が始まりました。いざ始まるとだんだん快感に変わります。このまま年末の武道館公演まで頑張ります。清水ミチコ一人フェスであって、お客一人フェスではないので、ブロス読者の皆さん、ぜひ観にいらしてくださいね〜。

11月×日

さんまさんの特番で、またVTR出演で大竹しのぶさんになりました。原口あきまささんとご一緒。私「ウチら人の離婚で食べてるよね〜」、原口「ごはん何杯もおかわりして」、私「どなたか離婚しませんか？　っつって」、原口「今、何待ち？」、私「離婚待ちです〜」などとヨタ話も盛り上がる楽しいロケ。ものすごく大竹しのぶさんになりきっていると、夫婦ゲンカのシチュエーションでは、原口さん演じるさんまさんの明るさに、本気でイラッとくる瞬間があって、自分がおかしかった。モノマネって珍妙。

直子ちゃん、面じゃないよ、点だけよ

12月×日

ただ今、私は全国ツアー中です。今年、残すところは仙台と日本武道館。武道館ライブは、ドタキャンから始まって頼まれたものだったのですが、3回目ともなると、だん

だん年末のスリリングな楽しみとなってきました。また、このまま来年もこのツアーができたらいいなと思ってます。ところで「全国ツアー」という響き、野沢直子ちゃんにはどうも「ものすごいことやってる！」という風に誤解されます。「週末になったら地方に行ってライブするってだけの話だよ」（この説明も何回目かわかりませんが）と言うのですが、「全国をずっとくまなく移動しながらのライブじゃないの？　なんで？」と言われます。思いもつかない質問に「そんなわけないじゃん。土日だけ地方、平日は都内で仕事。飛行機で日帰りのときも多いよ。どんな全国ツアーでもそういうもんだよ」と言うと、「ふーん、そうなんだ」と口では言うのですが、（わかってんのかな？）と思ってました。そして今年もまた「ツアーが始まった」と私が言うと、「ええ〜っ！」と仰天するような表情を浮かべる直子ちゃん。真剣そのもの。絶対、私の説明が耳に入っていないんだと思います。いや、今後もきっとそうなんでしょう。（直子ちゃんは同じような仕事をしてたのに、なんでこんな単純な話だけがわからないんだ？）と思ってたのですが、こないだ時代劇の中で農村を回る「旅の一座」のシーンを観て、その謎が氷解しました。これとイメージをダブらせておるのではないかと。いつの時代だよ！

（おしろいパタパタ）

12月×日

弟が「猫をもらうことになった」とのこと。性別も色も種類も聞かずにもらうことを決めたそうなのですが、先週、真っ白な雄と雌の猫がやってきたら、あまりにかわいく、その猫たちとじゃれている弟の姿は、「絶対、人に見せられない」と言ってました。

2016

大河ドラマ『真田丸』で爪痕を残したこの年。芸能人の不倫バッシングで世間は大きく騒いでいました。人間とはどんな存在なのだろう。モノマネを通してちょっと考えた気がします。平野レミさん、森山良子さんの「平清森」で『徹子の部屋』に出たのもいい思い出です。

武道館に始まり、武道館に終わった、私の2015年

1月×日

2015年の年始と年末は、両日ともに武道館公演でした。すご〜い、挟まれてる私〜。でした。緊張しいなのに、両日ラフな気持ちでステージに立っていられたのは、多分、私が（いつか武道館を）と目指していなかったからかもしれません。2013年の初演はたまたまドタキャンがあってのことで、（私は頼まれたからここに立つのだ）という若干の無責任さのおかげだと思います。数年前の話ですが、私がお客さんとして観にいったとある武道館公演は、そのアーティストがとても武道館のステージにアガッてて、最初は緊張しっぱなしで、観ているこちらもなんだか気の毒に感じました。しかし、その後もずっと気の毒なままなのです。しまいには観にきたほうがぐったり疲れてしまい、（一番気の毒なのは自分かもしれない）とまで思えてきました。帰り道、じっくり考えました。彼は武道館に出るのが夢だと言っていたのに、いざその夢が叶ったら叶ったで、地獄のような恐怖におびやかされている理由はいったいなんなんだろうと。

よくある歌の歌詞の世界と真逆です。いつか「夢なんか持たないほうがいいんですよ」と、あの破れたような声で言ったドランクドラゴン鈴木さんの言葉が脳裏をよぎりました。これは残酷なようで、やはり真実なのかもしれません。もしも私が自分に（夢を叶えることが一番なんだぞ）と言い聞かせて、50を過ぎ、やっとの思いで武道館に立ったのだとしたら、どんなに悲惨で致命的だったことか。そう思うと逆に、夢が叶ったときに、本番もちゃんとできてる人って本当にすごいんだ、と心底わかった２０１５年です。今年の２０１６年も、たくさんのライブやフェスに参加することになりそうです。夢を持たなくともいいので、チケット片手に遊びにきてくださいね。

お宅のワンちゃん、大晦日の晩、吠えてましたか？

1月×日

知人がこんなことを言ってました。『紅白歌合戦』で美輪明宏さんが『ヨイトマケの唄』を歌い始めた途端、自分の飼い犬が吠え始めた、と。違う友人にその話をしたら、そのヒトもマジか!?　とばかりに驚きつつ、「実はウチの犬もそうだった」と言うではないですか。私は思わずネットで「美輪　犬」と、言葉の合間をひとつ抜きながら検索してみたところ、同様な現象が全国で起きていたことに笑ってしまいました。大晦日の晩、実は日本中の犬が吠えていたのでしょうか。一昨年の紅白でもまったく同じ現象があったようです。少し恐くなりました。〝動物が吠える〟とは、いったい生物のどこをどう刺激されるものなのでしょうか。私じゃダメなんでしょうか。ぜひ自分で実験してみたい、うまくいったらモノマネの真価がうかがえるのではないか、などと思った次第です。日本で一番犬が吠える歌手は誰か、というコンテストがあっても面白そうですね。

1月×日

お正月休みに夫婦でアイルランドのダブリン旅行。暖冬で夜はTシャツで寝ました。山と高いビルがないせいか、見晴らしが抜群です。人柄も気さくで、すぐに「あなたの靴、好きだわ」とか「そのバッグどこで買ったの？」など、誉め言葉を惜しみません。男性にはダーリン、女子にはプリンセスと呼び合い、すれ違いざまに咳払いしたお爺さんは私に聞こえたかな？　という顔をして「Ｓｏｒｒｙ」と帽子を取ってくれました。街頭でのストリートミュージシャンの演奏はプロ並みで、まるで映画の中にいるみたい。

旅は、本当につかの間の幸せを実感できる異空間だと思います。住んでみたらきっといろいろあるのでしょうが。「人生はままならないものだけど、心はいつでも自由になれる」。旅先に持っていった本にそんな一行がありました。

他人はそれほどあなたに関心を持っていません

2月×日

ある番組でアナウンサーの方が、「って、ボクが言えるかって（苦笑）」など、何度か自分を卑下したようなコメントをチラチラ言うので、4回目にはだんだん気になってきました。私はわけがわからず、「あの感じはどういう意味だったんだ？」と知人に聞いたら、「彼は一度、ミニスキャンダルを起こしたことがあったので、それを引きずっているのでは？」とのことでした。なんと。そんな事件なんか知らない人もいっぱいいるし、知ってても忘れているという重要なことを、本人だけがわからない。たとえスキャンダルがあったとしても、人はその時だけ面白がって騒ぐけど、あとは（今日のごはんは何にしよう）とか（あの人の目線って私を意識してた？）とか（一人カラオケ、行ってみるか）など、自分の目先にある欲望で頭の中はいっぱい。スキャンダルも75日。すぐに飽きます。私が幼いころも、こんなことがありました。祖母に「悪いけど、お肉屋さんで牛肉を買ってきてほしい」と頼まれたのですが、言い方がずいぶん恥ずかしそうなのを不思議に思い、「なんで自分でお肉屋さんに行かないの？」と聞いたら、「実は昨日も牛肉を買った。もし人が見てたら、あ〜、あそこんチは連日肉を食べている。贅沢もんやと思われる」。びっくりしました。誰があんたのような老女の動向を見てるというのか。気にもしてないし、興味もない。本気か。しかし、人は自分が皆に注目されてる、と思ってしまう生き物らしく、イタズラに自分の首を絞めたり、卑下してしまうんですね。今回の話題で、ベッキーさんがイタズラに引きずらないといいな、誰もが本当は、お二人にそう興味もないんですよ、と小声で言ってあげたいです。冷たいようですが、応援でもなく、真実がそんなもんなんですよね。

ゲス始めました、眞紀子さんとプーさんの中間がポイント

2月×日

光浦靖子さん、モノマネのみはるちゃん、Charisma.comのいつかちゃんと4人でカラオケへ。みはるちゃんと一緒に「二人中島みゆき」、光浦さんの工藤静香、いつかちゃんの本人曲、みはるちゃんの新作モノマネ・JUJUなど豪華でした。私は「ゲスの極み乙女。」をやってみたら、めっちゃウケてるではありませんか。しかも歌うほどに気持ちのいい声なのです。私も上機嫌で「やってごらん」と皆に教えました。まず、田中眞紀子さんの声と、くまのプーさんの声の中間あたりを耳にイメージし、内向的にシャウト。曲のアレンジは気持ちいいし、サイコーです。翌日、早速ニッポン放送の『ラジオビバリー昼ズ』ではカラオケで熱唱。公私混同もここまで来てます。なんと先日の名古屋ライブでは、客席から早速「ゲス！」というリクエストもいただきました。罵倒だったりして。

2月×日

親子ほど年が離れている私とマネージャー。こないだ、そんな彼女に私はこう言いました。「こうやって朝も夜も送り迎えをし、日々タレントの話を聞き、毎日のケアをする。ごはんも一緒に。中年のタレントのマネージャーって、介護にも似てるね」。本音と多少の謙遜を含めて言ったのですが、タナカさん（マネージャー）は、私のライブがあった晩に見た夢の話をしてくれました。「自分は介護施設に勤務していて、清水さんについての話し合いがあり、意見を求められました。そこで『はい。ライブだと、本人は頭がしっかりするようですので、今日はライブだよ、さあ、起き上がりましょう、と言うと元気になるのではないか？』と意見を言ったんです」という夢だったとのこと。しかも「その意見に対して、満場一致で即決でした」。いい加減にしろ！

アップルストアでつい小芝居をしてしまう自分……

3月×日

青山の「コム・デ・ギャルソン」に入ると、ちょっと気後れしてた自分。いつの間にか（え？　別にビビってませんけど？）という芝居の顔をしてしまうんですよね。しかし、最近はアジアのお客さんも増えてきて、ファッションの美学が人それぞれ違ってるため、だんだん大丈夫になってきてたのです。とんがってる人や、カラフルな人に紛れられるという。ところが、昨日表参道の「アップルストア」に入ったら、ものすごく店員さんの感じがよく、着こなしのセンスも、シンプルなブルーのTシャツなのにさりげなくよくて、接客態度も眩しくて、またビビりが出てしまいました。（は？　ジブン全然ビビってないんだけど？）という小芝居を見抜かれませんように！　そう心で祈らずにはいられません。心臓に悪い店です。「お客様、先ほど楽器をご覧になってましたが、音楽お好きなんですか？」とラフに聞かれ、「や、全然！」と食い気味に言いながら、つい両手をパーにして左右に振ってた自分の仕草が、古代日本人丸出しでした。

3月×日

『日本映画専門チャンネル』で、ときどき懐かしいテレビドラマをやっていて、録画をしては観ています。こないだ番組表を見てたら「エロいい話」という微妙なくくり方で、エロ映画をたっぷり組んでいました。

3月×日

知り合いが婚活サイトで、いい感じの人と知り合ったらしい。なんでもこういうとき、普通のプロフィールを書くと、そんなに面白くない感じの男性とつながってしまうけど、ちゃんと「私はこれが好きなんです！」と押して書くと、趣味からつながるもんなんだとわかったそうです。なーるほど。「なんて書いたの？」「山伏に興味があるって書いたの。そしたら〝僕は〇〇山で修行してきました〟って人がいて」。いろいろすごすぎる。

あの人は、きっと幼いころからお笑い担当枠？

3月×日

『R-1ぐらんぷり』の審査員席に座りました。なんでまた今年も私なのかというと、〝ピンでネタをやっている女性〟という枠がもともと少ないようなのでした。本当にお笑いのジャンルだけは相撲と同じで、昔から「ザ・男世界」。しかし、今年は横澤夏子さんがいるではないか。鼻につく人物を演じたときだけは、女のほうが男に勝るときがある、と私は心底思っていたのですが（底意地が悪いからでしょうか。表現がやたら細やかなんですよね）、当日はハリウッドザコシショウさんがものすごい特殊な弾け方をしました。似せようともしてないモノマネをさらに破壊させる、という前人未踏なネタで会場を圧倒したのです。他人事なのに快感が走りました。おそらく、幼いころからずうっとお笑い担当枠の人種だとお見受けします。また、誰もが彼の背後に、何ともしれない覚悟のようなものを感じたのではないでしょうか。豊かな才能を持ちながら孤高だった男の咆哮といいますか。この日優勝を逃した方は、たまたまこんなバケモノがやってきたというだけのことで、少しも気落ちすることはないと思います。ところで番組終了時、スタッフが「観覧の皆さんどうもありがとうございました」と言わんとするタイミングで、なんと客席から再び拍手が湧き、「ザコシショウ！」「ザコシショウ！」と野太い歓声が上がりました。こんな光景見たことありません。私もグッときて、いったい彼は今どんな顔してるんだろうか、泣いておるのでは、と思って見てみたら、普通にふざけた顔をしてたので、ああ、やっぱり幼いころからこういう声も何度か聞いてた方なんだろうなあ、と尊敬しました。ところでR-1は、この際「音楽枠」「フリップ枠」「ハダカ枠」に分けてもいいんじゃないかな、と思いました。

最近、続いた水木さんとの不思議な偶然

4月×日

角川文庫の水木しげるさんの本の帯コメントを頼まれました。私が妖怪みたいだから頼まれたのかはわかりませんが、それからちょっと不思議な偶然が続きました。コメントを書き終えた翌週、たまたま水木さんの奥様でおられる武良布枝さんとＮＨＫ『シブ5時』でお会いできたのです。（キャーッ！）という興奮を抑えつつ番組収録。奥様はとても素敵な方で美人でした。「女が最後に勝つのは品ですなあ」といつか光浦靖子さんが言っていましたが、まさに勝利の女神です。収録終わりに、私は水木さんの本にあった印象的な言葉についてお聞きしたく、話しかけました。「水木さんが荒俣宏さんと一緒に、妖怪が出ると言われる外国に出向いたとき、妖怪に会えない日が続くと、弱気になってしまい、（もしかしたら本当は妖怪なんかいないんじゃないか、とオレは悲しくなった）というような一文が、普通と真逆ですごく面白かったのですが、もしかして奥様もやっぱり妖怪が見えたことが何度かあったりしたんですか？」。すると、「いい

え？」と奥様。それがまるで「いませんよ」みたいな普通のトーンだったので笑ってしまいました。さすが女性は現実主義。その翌日は、水木さんにゆかりの深い鳥取は境港市で仕事がありました。すごい偶然。うれしかったな〜。なんとなく縁を感じ、早朝から散歩しつつ、鬼太郎グッズもいくつか買ってしまいました。奥様との会話が面白かったので、昔から水木夫妻と親交のあった南伸坊さんに話したら、「布枝さん、いいよね〜。貧しかったときも、水木さんが仕事もないのに戦艦のプラモデルにハマっちゃった時期があったんだけど、妻は呆れるどころか一緒に手伝ってたんだってさ」とのこと。富裕層とは、こういうことを言うのかもしれません。

松ちゃんの格言「モノマネしたらハム送れ」

4月×日

松村邦洋さんとご一緒しました。松ちゃんはずっと昔、「清水さん、モノマネをした相手に一度ハムを送ってみてください。中尾彬さんなんか昔は僕に怒った顔してたけど、ハムを送ったら急に友好的で優しい微笑みをくれるんです。僕への『マツムラー！』の言い方、ニュアンスが全然違う。やっぱり人間関係に一番大切なものはね、ハムなんですよ」。その心から感心した言い方に打たれ、やってみるか……と、私もある方にハムを送ってみたことがありました。するとどうでしょう。翌日、自宅に丁寧なお礼状つきの〝めっちゃ上等な高級御海苔〟が到着しているではありませんか。いらんことしてまったああ‼　でした。「やっぱ一流な方ほど腰が低いというか、とんでもない、みたいな優しさがあるのよ。つか、女性と男性じゃ違うんだよね」と松ちゃんに話したことがありました。今回はラジオの仕事だったのですが、何気に彼から時代劇の話を聞くうちに、そんなに興味なかった私も、面白そうに思えてきました。「今、小学生が読む坂本龍馬を買って読んでるよ」と後日メールしたところ、「歴史は最高ですよ」とのメッセージとともに翌日自宅にDVDセットが届いていました。仲間由紀恵主演「寧々〜おんな太閤記シリーズ全5巻』。びっくりしました。行動が早いというか、「好き」への情熱がハンパない。今、4話目を観始めているところですが、この作品が歴史無知な人にも一番わかりやすい、と思うのだそうです。参考までに……。

4月×日

『矢野顕子40周年記念ライブ』、5日間日替わりゲストの構成で、石川さゆりさん、奥田民生さん、森山良子さん、大貫妙子さんらの中に私もちゃっかり参加し、自分が先にステージに出て矢野顕子で歌いました。

サブカルか否かは、その人の「性分」にすぎない？

5月×日

EGO-WRAPPIN'の中納良恵ちゃんと対談し、一瞬「サブカルというイメージ」の話題へと流れました。どんなにヒットを飛ばして大通りを歩けても、メジャー感の人もいれば、サブカル感が残る人、なぜか二つに分かれる。良恵ちゃんは後者だ。不思議だ。どっちがいいわけでもないし、悪いわけでもないけど。この理由は、本人の望むところでなく、もしかしたら「性分」というものにすぎないのではないでしょうか。「私、サブカルに行きたい！」と思っても、根っこがどこか派手な人には無理があるし、「オレは絶対メジャーで行きたい！」と目指したところで、どっか心が冷めてしまう人はサブカル気質というか。しかも、こんなことが一瞬で見抜かれてしまうという。まともな生活をちゃんと感じて生きているってヒトほどサブカルで、芸能界のうまみが大好きな人は、メジャーっぽいとか。でも、そういう人はたとえ眠れなくても多幸感でいっぱいなんだから、まったく平等な話です。あいつの音楽はロックか、ポップスかも実は耳ではなく、肌のコンディションでバレてしまうものなのかもしれませんね。演芸界でも案外、(僕は暗いんです)なんてカンジをあえて醸し出す人もいますが、そんなもんも根っこはすぐにバレてしまう。ロック(魂の叫び)なのか、ポップス(めっちゃ空気読めます!)なのか、なんてところ。大衆というものは、思うより鈍感ではなくて、実は嗅覚がとても鋭いものなのかもしれませんよね。

5月×日

パッとしなかった時代の私のライブでも、なぜかいつも満席だったのが熊本公演でした。しかもとってもお洒落な服装の女の子が多く、「洋服業界の発信は熊本で試してから」というのもうなずけました。アンテナの発達している皆さんが、どうぞ今回の傷にめげず、賢く、あの美しい誇りを持って、乗り切ってくださいますように。

クリープハイプ、マネするコツは「3つのム」

5月×日

コドモが「クリープハイプ」の大ファンで、どれどれ、と気軽に聴いてみたら、ミイラ取りがミイラになってしまいました。さすが我が子。ボーカルの尾崎さんの孤高感漂う優しさと、儚さに圧倒させられました。「愛し合ってこうして結ばれて、あ〜幸せ」といったラブソングが99％を占める中、行為のあとの虚しさや悲しい感じ、どこか滑稽さを描いてるところなんかにもグッと胸をやられます。そのうちラジオでモノマネしてたら、ご本人が番組に来てくださり、なぜか本人にも教える流れになったのですが、マネするコツは「3つのム」に尽きます。「ダム・虚無・ガム」と覚えていただきたい。ダムのように、静かに溜めてきたものが後半で一気に噴出するような楽曲。そして、どこかいつも虚無感をたたえたメンタル。それなのにそれらを全部覆すような、ガムでも噛むような白けた歌い方。これです。ま、それを説明された尾崎さんが一番困ってたようですが。今までもインタビューなんかで「その人を好きになると、モノマネしたくなるんですよ〜」などと言ってきた私ですが、本音を言うと、矢野顕子さんに対する気持ちと同じで、実は1ミリだってモノマネしたいなんて思ってない。恥ずかしい話、私はなんと本気で、彼に、彼女に、なりたいのです。こんな気持ち、わかるかしら。ARABAKI ROCK FEST．で尾崎さんに再会し、「さっき、クリープハイプやってきたよ〜」と言ったら、「ゲスには負けたくないです」と言ってくださいました。いい人でよかった〜。

なぜ女子アナは、みんなこの一言を言いたがるのか？

5月×日

大河ドラマ『真田丸』に出ました。カメラさんやスタッフの皆さん、私が真剣にやればやるほどニヤニヤするのを抑えてたのが快感でした。

6月×日

中学生のとき、ラジカセを買ってもらって、ラジオが大好きになりました。クラスでも人気だったのが、つボイノリオさんの番組なのですが、一度、こんなことがありました。女子アナとのトーク中、話が盛り上がってきたときに「ちょっといいですか？」と女子アナが話を止め、「あのう、その頃、私まだ生まれてないんです」。「え？」と一瞬驚いて話を止めるつボイさん。そして「ああ、そうかそうか、まだ生まれてないんだもんね」などと肯定的な返事をし、話を戻しました。私は（なぜにこんな面白い話の途中で、わざわざそんなこと言うのかな。自分だったら言わないなあ）と思ったのでした。そして20代のころ、永六輔さんの番組に出演する機会がありました。そして永さんが、美空ひばりさんのデビュー時代の話をし始めたときのこと。隣の女子アナが、「すみません、私その頃まだ生まれてなかったんです」とまた話を止めたのです。デジャブか。私だって生まれてないわ。なぜ女子アナはこの言葉でいつも話の腰を折るのだ、でした。そしてつい先日、あるラジオ番組に出たら、「清水さんは今年でデビュー30年だそうで」「そうなんですよ～、なので」と言いかけたら、隣の女子アナの腕がするすると上にあがりました。（はい、すみません、ちょっといいですか）な雰囲気です。しかし、その時の女子アナはどう見ても聡明そうで、空気読みそうな感じ。（どうぞ、どうぞ）という感じで促すと、「あの、すみません。私その頃まだ生まれてなかったんです～」。おいっ。おいっパート3（と、小堺さん風に）。なぜなんだ。なぜ何十年も女子アナたちはそれを言いたがるのだ。もしかしたら案外無邪気、なんですかね……。

凹まなそうな人は叩かれない、たとえば高田さん

6月×日

私よりずっと若い世代のタレントさんとごはんを食べました。「これからの時代って〜、ほんのちょこっとでも不倫の疑いを持たれようもんなら、もう仕事はなくなる風潮なんですよね」と、そのタレントさんは言います。「そんなことはないんじゃない？」。私はめっちゃクールに答えました。「世間の声なんかよりも頑丈にできてる人物には、これからも関係ないと思うのね。たとえば、どうでしょう。高田純次さんがどうも長年不倫してたらしい。あなたは叩こうと思いますか？」「あ〜、思わないかな」「そう、叩く気にすらなれないのです。それはなぜか？　言ったところで本人が気にしなさそう、ヘコまなそうだから。世論というものは、何も正義で全員を平等に叩いてるワケじゃない。人選あってのものなのです」（不倫してもいない高田純次さん、いい迷惑）。「はあ、

なるほど〜」「でしょ？　だから私なんかにそういう疑惑が万が一あっても大丈夫そうじゃない？」。そう私が言うと、タレントさんは言いました。「いえ、めっちゃ書かれますよ」「え？　なんで」「だって清水さんみたいな平凡そうな主婦ほど、気持ち悪さがハンパないじゃないですか。〝気持ち悪い〟という言葉でめっちゃ叩かれますよね」「な、な、なるほど……。そうか……」。途中までは自分が優勢でカッコよかったのに、気持ち悪いの一言でぐうの音も出ず、お茶を濁してしまいました。

6月×日

フジテレビの小堺一機さん新番組『かたらふ』に出て、ユーミン様についてお話ししてきました。曲はもちろんですが、コメントも素晴らしいと。しかし初めは当然のようにモノマネなどしてたのですが、途中からだんだん地声なんだかモノマネなんだか自分でもよくわからなくなってきました。

大人しくて純朴なアイツは、もう変わっちまった

6月×日

映画を観にいきました。ロビーで映画を観終わったらしきカップルとすれ違ったのですが、女の人が、「ねえ、うるさかったねポップコーン。匂いもすごいし～」と言ってたのが聞こえました。え～？　ポップコーンがうるさいだなんて、なんと繊細な。なんと神経質な。〝映画といえばポップコーン〟ってなカンジで売店でも売られてるのは、きっと音も立たず、匂いも控えめな食べ物だからなんじゃ？　などと思ってたのですが。しかし、席に着いてから目からウロコが落ちました。今時のポップコーンは、味付けフレーバーをその場で袋ごとシャカシャカ振って食べるヤツなんですね。確かにあっちでシャカシャカ、こっちでシャカシャカ、振る音が聞こえるほどに、ああ自分も買えばよかったかな、などと思ってしまいました。そのフレーバーの芳ばしい香りも、もうあのポップコーンの大人しいそれではありません。積極的、社交的なアメリカンフレーバー。しかも袋の中身の残りが少なくなってくると、人はもっと「味を！」と求めたくなるも

幻冬舎文庫 3月の新刊

幻冬舎文庫は毎月10日ごろ発売！

©益田ミリ
2023.03

今日のおやつは何にしよう

益田ミリ

オリジナル

バターたっぷりのトーストにハマり喫茶店に通ったり、買ったばかりのレモン色のエプロンをつけて踊ってみたり。なんてことのない一日。でも、できればハッピーエンド寄りの一日に。かけがえのない日々を綴ったエッセイ。

594円

私のテレビ日記

清水ミチコ

テレビの世界は愛すべき人で溢れてる！

『いいとも！』打ち上げで明かされた、タモリさんの秘密。『真田丸』出演時のスタッフのニヤニヤ笑い。とらやの羊羹を切らずにかぶりつくかまやつひろしさんのダンディさ。テレビの世界の出来事を軽快に綴るエッセイ。

781円

あぁ、だから一人はいやなんだ。3

いとうあさこ

オリジナル

4人で襷を繋いだ「24時間駅伝」。接続できずに大騒ぎのリモート飲み会。お見合い旅inマカオ。〝初〟キスシーンに、〝初〟サウナ。いくつになってもあさこの毎日は初めてだらけ。

825円

じゃない方の渡辺

桂 望実

「あなたらしくいればいい」なんて、そんなの絶対キレイゴト!!

渡辺展子はいつも「ついてない」。親友は学校一の美女〝渡辺〟久美。展子は「じゃない方」の渡辺になる。就活では内定が取れず、夫の会社は倒産。いつも満たされなかった展子の人生に、幸せな日々は訪れるのか？

869円

時代小説文庫

春よ来い

秘め事おたつ四

藤原緋沙子

金貸しおたつのもうひとつの顔――。それは、奥女中総取締役！

稲荷長屋で金貸しを営むおたつは跡目争いに巻き込まれた藩主側室の息子の安否を探るため、身分を偽り市井で暮らしていたが……。人気シリーズ第四弾。

書き下ろし

715円

日本一の幽霊物件

三茶のポルターガイスト

映画化！

横澤丈二

怪談&オカルト界で超話題！ここには絶対なにかいる

幼少期から霊感を持つ劇団主宰者の横澤は、東京・三茶のビル内に稽古場を構える。大家から「ここ〝出る〟から」と告げられた3日後、エレベーター内で異変が……。30年にわたる戦慄と真実の心霊史。

書き下ろし

693円

4月6日(木)発売予定！

遅いインターネット	宇野常寛
マボロシの鳥	太田 光
片見里 荒川コネクション	小野寺史宜
バニラな毎日	賀十つばさ
MR(上)(下)	久坂部羊
それでもしあわせフィンランド	芹澤 桂
悩め医学生 泣くな研修医5	中山祐次郎
オレンジ・ランプ	山国秀幸

表示の価格はすべて税込価格です。

幻冬舎 〒151-0051 東京都渋谷区千駄ヶ谷4-9-7 Tel.03-5411-6222 Fax.03-5411-6233
幻冬舎ホームページアドレス https://www.gentosha.co.jp/

のなのか、シャカシャカ音が激しくなる人もいたりして、企業は〝フレーバー〟と〝振ればく？〟をカケてんじゃ？　と思えるほどでした。しかもカリッといい音がする。塩味だけで、しんなりしてたあのころの純朴な女の子は、デーハーなグラマー美女軍団に入ってイケイケ中。もう田舎に帰ってこないんじゃないでしょうか。忘れちゃいけないよ、お前はとうもろこしの出なんだ、自分の香りに誇りを持てる日がいつかきっとやってくるから、と言って、いつかたしなめてあげたいです。

6月×日

私は免許を持ってないのですが、車を運転する夫やマネージャーが、ガソリンスタンドで「ハイオク、満タンで」と言ってるとき、ものすごくヤンキーっぽく感じます。

咀嚼力が大事？　人の半生モノとモノマネの違い

7月×日

テレ朝で、黒柳徹子さん特集があり、このところ再現ドラマ部分をずっと撮影させてもらってます。NHKで放送していた満島ひかりさんの『トットてれび』が素晴らしすぎたので（感激しました）、あとで発注のあったモノマネ芸人としては、タイミング的にもなんだか恥ずかしい限りではありますが、高予算・美人・長時間という良好例ではなく、低予算・高年齢・短時間というハンデを引き受けてくれたスタッフの皆さんに、少しでも気に入ってもらえるよう頑張らないと！　と思いました。私はもともとが黒柳さんの大ファンで、なりきれる快感もかなりいただいているのでハンデは少ないと思えるのですが。それにしてもホント、ドラマ班は真面目で丁寧、しかも人格まで素晴らしい人が多いのに驚きます。え？　こんな真夜中まで？　え？　開始がこんな早朝？　おいおい、ほぼブラック企業じゃん！　なんでそんなにニコニコしていられるの？　な毎日です。そんな中でつくづく思うのですが、「人間の半生モノ」というのは、なぜかただ似てればいいってもんじゃないんですよね、これが。「モノマネ」ってのは似てるかどうか、一瞬の聴覚で決まるものらしいのですが、ドラマとなると長時間観続けることになるので、似てるかどうかなんて途中からどうでもよくなり、それよりいかにその人になりきれて咀嚼していたか、という精神力のわずかな違いが決定的にありそうです。

7月×日

野沢直子ちゃんが帰国しました。私においても、何十年、同じ言葉をこの連載に書き続けてるのかもわかりませんが、風物詩として受け入れてください。あれはあれで少しずつ老けたり、人とモメたり、まだまだウケてたりと、ネタとしては満載なようなのでした。

永六輔さんはどこまでもカッコいい

7月×日

永六輔さんが亡くなりました。私にとってどういう思い出があるかは、いろんなメディアで話してきたし知ってる人も多いと思うけど、訃報すらあとで知ることになるなんて、どこまでカッコいい人なのでしょう。『上を向いて歩こう』という歌は前向きな歌のようでいて、よく歌詞を読むと哀しみや、やりきれないような思い、傷ついた経験があったからこそ、カラッとした陽気さが立つという歌詞ですよね。そういえば永さんとはたくさんしゃべってきましたが、ご自分のプライベートなお話はいっさいなさらなかった。100パーセント芸能ごとばかり。今日はテレビで何度も訃報のニュースが流されていますが、なんとなく、どことなく湿っぽくならないのはものすごく不思議なことです。こんなことがかつてあったでしょうか。えも言われぬあっぱれ感（ナマイキ）。いったいどういう極意があれば、こんな風にできるのか。訃報のバックに『上を向いて歩こう』が流れるせいだけではないと思います。誰もが羨むような仕事を成し遂げ、大往生だった、祝福してもいいほどではないか、という気持ちが報道陣にも及んでたんじゃないか、とまで思えてしまいます。こんなこと、マネしたくても誰もできないことなんじゃないでしょうか。歌詞だけでなく、『上を向いて歩こう』という曲（中村八大作曲）はまた、メジャーなはずなのにマイナーなコードがちょっと効果的に入っているので、メジャーなんだかマイナーなんだか聴く人の気持ちによって印象が変わったりする。坂本九さんの歌唱もまた、両方に受け止められます。おいおいおい、どこまで洒落てる六、八、九（と、五、七、五調で）。

バラエティ番組で感じる〝日本人らしさ〟

8月×日

BSプレミアム『あなたに贈る！～名曲セレクション～〝サマーソング〟スペシャル』に出ました。松下奈緒さん、ビビる大木さんと一緒に司会をしつつ、今回もネタで参加。覚えたての楽曲もあり、指先がブルブル震えましたが、楽しく終えることができました。ところで毎回、ほかのバラエティに出てても観てても思うんですが、リハもなく、初対面の人間同士が集まって一瞬で息を合わせ、なんとか一時間ほどの番組を和気あいあいと完成させてるって、考えてみればすごい。そりゃもちろん、「どれもつまらん！」って怒る視聴者の人もいるかもしれないけど、それでも外国に行ってテレビを数本でも観てみると、きっと日本のバラエティはなかなかだってわかるのではないかしら。この国民性でしか成り立たない一瞬の気合で波長を合わせるというか、心遣いってのを案外感じてしまいます。ただただ自分の意見を主張しあい、激しい口論で終わるって番組が当たり前の国も多いみたいだし。もちろん、タレントがすごいんじゃなくって、日本人にはほかの国にはない「人を立てましょう」「相手の話を聞きましょう」「和を大切に」といった習性があるような。もしかしたらあの「道徳」の時間が義務教育の一環にあったのが深く関係してるんじゃないかなあ、などと思いました。

8月×日

車の中でイタズラに小池百合子さんのモノマネをしてみたら、マネージャーから「あ〜。なんかわかる!」と言われました。すぐに声を出さないで、まずは周囲を一瞥してメンタルな気の強さを蔓延。口論なら負けませんって雰囲気にし、あまりカロリーを消費しない、涼しいしゃべり方。考えてみると口ゲンカって感情的にならない人が強いんですよね。

小池百合子さんのモノマネ、テレビ初披露!

8月×日

テレビ初披露! と思って楽しみにしていた小池百合子さんのモノマネ。ウフフフ、行きますよ〜と思ってやったら、まさかの「しーん」だった。「これソックリなんですけど!」と自分で主張したりして。ゴリ押し。周りは「ほかの人のモノマネ見たいな〜」だって。なんでだよ! と別の意味でウケた。やっぱりモノマネって、私に限らず誰でも鼻歌を歌うくらいのラクな状況が一番似るもんだけど、テレビだ！　って思うと、どっかでウケたい！　って思って頑張っちゃうのかな。そう思うと二重に恥ずかし〜！（↑と言いつつまたどっかでやっちゃうんだわな）

8月×日

野沢直子ちゃん帰国に合わせて今年も開催された女芸人会に私も参加。どんどん若い芸人が増えていて、25人ほども集まって6時間にも及びましたが、明るいけど、芸人にありがちな暗さ、ナイーブさもチラホラ見えるのがよかった。こじれてる人たち大集合で大盛り上がり大会！　イエ〜イ！　みたいな感じじゃない。どっかラクちん。だからどんどん人数が増えてくるのかな〜、なんて思いました。

8月×日

「イヤだったら見なきゃいいじゃん」ってのはよく言われる言葉だし、私だって賛成なんだけど、あの犬がライオンの格好をして赤ちゃんにすり寄るCM。犬が健気すぎて苦手で、あの明るい音楽が聞こえただけですぐチャンネルを変える。ようにしている。しかしそれなのに、この「すぐにサッと変えようとする行為」というもの、逆に身体が記憶するというか、もう一度脳みそが勝手にしっかりなぞる。（なんで私は嫌いか）（犬と赤ちゃんの二大武器）（温かい雰囲気の恐怖）など、頭の中でしっかりと言葉で印象深くさせるようなところがあるんですね。抵抗すると、した分だけ自分に還るって、皮肉なもんですなあ。

そして王様は本当に歌いませんでした

9月×日

昭和の往年の歌手たちが出てくる歌番組を観ました。こういう「なつかしのシリーズ」を観るといつも不思議に思うのですが、人がトシを取ってくるという現実は誰にも平等なのに、こういう番組を通すと、なんとなく哀しい人と、そうでない人に分かれて見えてくるのです。いったいどういうところで差が出るのでしょうか？　私生活での充実が顔に出てしまうのか？　歌謡界に愛着や未練があるほど、若干切ない感じが出てしまうのか？　そんなことをつらつら考えていたら、佐良直美さんが登場しました。なんだかすごい貫禄。そういえば彼女は私が小さいころから堂々としてて、なんというか、まったくテレビやメディアに臆することなく平気。番組の中で一人、なんとなく王様っぽいのです。威張らない王様。「これこれ、ここにいる客席の民衆たちが、私の登場に喜ばないはずはないではないか。ははははは」というような余裕を自然に醸し出しておられるのです。しかも、ですよ。司会の方が「歌ってくださいませんか？」と言うのに、「え？　ははは。歌いませんよ」とニッコリ。そして王様は本当に歌わなかったのです。えええええ!?　いったい佐良直美とはどういう人物なのであろうかと、早速ウィキペディアで調べてみたら、すごかったです。明治時代の漢学者の玄孫であり、住友財閥の常務理事の従曽孫であり、吉永小百合の遠縁であり、紅白の司会は最多記録。本当に王様だったのでした。

9月×日

ＭＩＳＩＡさんと、矢野顕子さんのライブを観にいってきました。私にとっての夏のお楽しみ。生きててよかった〜！　です。９月はＭＩＳＩＡさんの奈良・春日大社での『キャンドルナイトライブ』や『氣志團万博』に出演します。そして10月からはいよいよツアーがスタート。ご近所の皆さん、よかったらぜひ遊びにいらしてくださいね〜!

無意識に人は、隣の人をモノマネする?

9月×日

「十代の若者による歴史的犯罪」と謳った特番を観始めたら、あれよあれよという間に観終わってしまいました。実際にあった事件の再現ドラマが続くのですが、最近の役者さんが上手なのか、鬼気迫るものがありました。中でも学生運動から始まって、テロリストにまでなっていく70年代の大学生たちが印象的でした。高学歴でストイック。だんだん彼らの言葉が不自然なほどに難解な言葉になっていきます。その言い回しに、どんどん自分に陶酔しているのが見える気がしました。でも、もしも当時、自分が学生でここにいたら、きっとそれ風なことを少しは口にしてたんじゃないか、なんて想像もしてしまいました。当時は、社会に向かって立ち上がるってだけでもめっちゃカッコよく見えたのではないか。そして人は、常に無意識に隣の人をモノマネしたがってるものなんだなあとも感じました。お前が言うな、かもしれませんが、友達がこういう思想だから自分もちょっとかじってみようかな、とか、すぐにひょんなことから引っ張られるようなのです。無意識に、というところが恐いうえ、犯罪や事故は遠いところにあるようですぐ隣にいるんだな〜。特番ありがとう。宗教でもファッションでも、あるいは携帯する音楽でも、自分が選んでるかのようで実は選んでたのは他人で、自分はマネしてるだけじゃないのかなどと、たまには疑ってみるのも面白いかもしれません。

9月×日

仕事でテンションが上がったとき、その晩の眠りは浅くなる。という反比例に気がつきました。ところがどうでしょう。近所のジムで30分ほどのパワーヨガか、アクアビクス、エアロバイクをしてみると、グッスリ長時間熟睡できるうえに、たちまち充実感もやってくることがわかりました。スベったときも忘れられます。

うますぎて思わず産地を聞いている

10月×日

私が高校生のときからずーっとやっている、「ワーカメ・好き好き〜」というコマーシャル。タレントは変われど、もうそれは長年ずっと続いています。ただ、いつも気になってしまうのが、「おまえはどこのワカメじゃ?」というセリフ。「おまえはなんてうまいのじゃ?」ではないのです。あまりのおいしさにワカメの産地を聞いている。どこの海の出身かと。自分は、ワカメを食べておいしいって思ったことはあっても、一度としていったいどこのワカメなんだろう、と考えたことがないことに気づかされます。あのセリフを心込めて言ってみると、その深みが増してきます。やってみてください。でもうまいヌードルはニュータッチですけど(ニッポン放送でCM中!)。

10月×日

高平哲郎さんのお誘いで、群馬は浅間高原でミニライブ。嵐山光三郎さん、南伸坊さん、末井昭さんという元祖サブカル系大編集者のお歴々もご一緒で、夜は飲み会がとても楽しかったです。嵐山さん、瀬戸内寂聴さんとお親しいんだそうで、「年に数回しか来ないというお参りに、お賽銭がチャリンと音がするなんて、いけないわよ。ばさっ、くらいでなきゃ」と、おっしゃっていたんだとか。笑いました。「そこはお札」などと、ハッキリ言わないほうが奥ゆかしいと思います。さて、きれいな空気の中で、泊りがけでみんなで音楽を聴いたり、笑ったりしゃべったりと幸せな時間でしたが、これってまるで小さなフェスのようだと思いました。最近はどんどんフェスが増えていますが、大自然の中、無邪気に楽しむ時間は幸福感が詰まってますよね。ところでフェスって、出る方はなぜか男が多いもんなんですね。（あれ、またここでも女は私しかいないのか）ということもありました。バンドがそもそも男が多いからなのかな。

私の若いころに、もしＹｏｕＴｕｂｅがあったら……

10月×日

私の大好物、矢野顕子さんの40周年記念オールタイムベストアルバム『矢野山脈』のトレーラーに、なんと私が矢野顕子さんになって登場させてもらえました。カツラもなんもつけてないけど、本人になりきってピアノで真剣に歌ってる私が、簡単にネットで観られます。ぜひよろしくね！　それにしても、なんていい時代なのでしょうか。昔はありえなかった。ハッキリ言って、テレビ・オア・ナッシングでしたもんね～。メジャー・オア・ナッシング。マニアックな世界は、観ることができたとしても深夜枠がやっとな時代。ネットは恩恵もすご～くあるんだな～。どんな人も表現してよろしい、という時代の到来。恩恵にあずかろうではありませんか。私の若いころにこんなメディアがあったら、ライブなんかやってなかっただろうな。人前に立つ恥ずかしさがないもんね。この〝恥ずかしい〟という気持ちとの戦いってのは、意外と何十年も続くものなんです。何より邪魔なもんでした。今は大丈夫ですけど。ツラの皮が厚くなって。やかましいわ。ただ、そのせいでしょうか、YouTubeなんかで曲を探すと、たどり着くのが素人のカラオケだったりして、それが多いのにビックリします。「なんでアップしたんだ？」と言いたくなるようなものも。（せめてもっと身だしなみを）なんて、おばさま的なことを思ったりします。そういえばネットとは関係ないけど、電話も昔は固定電話だけだったので、かかってくれば近くにいる者がすぐに出る、というか、出なくちゃいけないってなものでした。たとえ間違い電話であっても、子どもにとってはおかしみやスリルがあったものですが、今、ケータイに知らない電話番号の着歴があると、なんでこんなに薄気味悪いんだ、ですね。軽い絶望感やら恐怖を感じてしまいます。

「しくじり先生」の直子ちゃんを観て、初めて知った事実

11月×日

野沢直子ちゃんが「今度『しくじり先生』に出るんだよ」と言ってたので、録画してたのを観ました。ものすごく驚きました。昔、『夢で逢えたら』という番組で、直子ちゃんが「自分だけがダメだ」と思ってたというところ。ここが一番の驚愕でした。私も出演してた番組なのですが、当時、どう見ても一番輝いて見えたあなたが？　と思わずにいられません。誰からも一目置かれ、羨ましがられた存在。特に私は、「お笑いはネタを書いたり、練ったりするより、絶対に瞬間芸！」と思ってたので、年下なのに尊敬すらしてました。当時、「アメリカでやってみる！」という言葉も、本気で言ってると思ってましたし、もしかしたら結構イケるんじゃないかと、私も周りも思ってました。

でも実は、コンプレックスが理由でアメリカに行ったのか。バカなことだ。「バカに見えて案外、あの娘はマジ賢いんですよ」と言ってたのに、本当にバカだったなんて。しくじり先生で直子ちゃんが言う言葉全体が、まるで当時の私を代弁してるようにも思えてきて、ずっと奇妙でした。心と身体が一致しないもどかしさ、そもそも自分は暗い性格でもあるのに、なんでこんな世界に入ってしまったんだろうという後悔など。あの頃、心開いて話し合えたらよかったんじゃ……と今になって思ったりもしますが、タイムマシンでやり直せるったって、きっとお互いに打ち明けない気がします。本当のコンプレックスとはそういうものだからです。彼女ができないことを私ができるときがあるけど、私が足掻いてもできないことが彼女には軽々できる。それだけの話なのに、そしてバラエティの語源はそこにあるのに、誰がどう慰めてもその時は聞こえない。自分で勝手に首を絞める。若いころとはバカなものですね。

新千歳空港で全身黒ずくめの男に尾行されました

11月×日

　絶賛全国ツアー中の私ですが、こないだ北海道の新千歳空港に到着したときの話です。降り立ってからずっと、背の高い全身黒ずくめの男性が、どう考えても私のほうに少しずつ接近してきます。冷やかしなどではなく、どことなく怯えた感じに警戒しました。なんとなく（犯罪の匂い）、そして（初犯かもしれない）と警官のような気持ちに。と同時に、私はマネージャーの位置をサッと横目で確認しました。何かあったらすぐ知らせられるようにと。そしてその男が目の前に来ました。「ミ、ミ、ミチコさんですよね？」。あえて大声で返事をする私、「はあいっ!!」。こちら、いつでも通報できますから、というオドシ入りの語気。男は帽子を取りながら一礼。見たらウド鈴木さんで、笑ってしまいました。「ちょっと！　ビックリした〜」と言うと、「あ、あ、すみません、どうもすみません！」と何度も繰り返すウドちゃん。チラチラ見てる人からは、まるで大きな男がこんなに謝ってるのに、でかい声の女が喚いてるみたいな光景になり、「おい、謝るなってば！」と言えば言うほどに（芸能界、怖いわね〜ヒソヒソ）という現場になってしまいました。謝るのはこっちのほうだというのに。純な気持ちを疑ったりしてごめん。話題を変えようと思って「今日、何の仕事なの？」と聞いたら、「ＮＨＫのロケで来てしまったんです。ああっ、ごめんなさいっ！　本当に！」。「謝り詐欺もいい加減にしろ！」でしたが、ノミの心臓の人間って、なぜかずーっと面白いものですね。ウドちゃんは一生そのままで食べていけるな〜。

11月×日

北海道の翌日、なんと沖縄へ。こんな極端な移動は人生初で、気温差は20℃。しかし気持ちはもっと上がりました。休暇も兼ねて、またまた所ジョージ邸の別荘に宿泊。もはや私は宿泊と書いて祝福と読みます。

混ぜるな危険！「平清森」徹子の部屋に見参

11月×日

ネットでは「混ぜるな危険！　放送事故の予感」と書いてあったそうですが、よくおわかりで。放送事故こそなかったけど、平野レミさん、森山良子さん、そして私の3人というゲストで、テレ朝『徹子の部屋』に出演しました。私たちトリオの前に、TOKIO松岡さん、大竹まことさん、梅沢富美男さんの男性トリオが出演され、「松竹梅トリオ」と名付けられてセミレギュラーになっていたそうです。私たちも頭の文字を取って「平清森（たいらのきよもり）」とくくってくれました。収録はとても面白かったです。というのも、出ている私ですら客観的に感じたのですが、4人中の4人全員が（私だけまともなつまらない人間だけれど、他の3人はホントに面白い皆さん！）という顔をしてたから。ひとりひとりがザ・天然。違いはただ、自覚があるか、無自覚か、それだけだなと思いました。

11月×日

小さいころよく観ていた、東海地区では老舗で大人気のCBC『天才クイズ』が特番で復活。ゲストで出てきました。「YESかNOか？」の二択で答えるだけのクイズ番組なのですが、そのシンプルさのせいか、観ながら想像で番組に参加しやすく、いや、むしろ観ていれば参加せざるを得なくなるのです。子供のころは、勝手に想像の中で出演してすぐに落選したり、かと思えば、たまに優勝したりしていました。クイズ番組のいいところを全部持ってるような気がします。マニアも素人も、知識より「賭け」みたいなのが有効になるから、誰でも楽しめるのですね。

11月×日

若い人とカラオケに行きました。『君の名は。』の主題歌を心込めて歌ったら、その人が泣いていました。ビックリすると同時に（私ってスゲー！）と思い、さりげなく「さっきさあ、なんか泣いてた？」とカマかけてみたら「詞の内容を初めて知って、感激しました」。ちぇっ！

2017

この年は、細野晴臣さんのライブに弟と出たり、MICA音楽専門学校のイベントで松任谷由実さんとご一緒したり、クリープハイプのPVに黒柳徹子さんの格好で出たりしました。あと、天龍源一郎さんが抜けなくなって、帰宅後もひとりモノマネしてたのもこの時期でした。

2016年は本当にいい一年でした！　私にとって

1月×日

皆さん、あけましておめでとうございます。私にとって2016年という一年は、とてもレパートリーに恵まれたいい年でした。だいたい通常だと、年にひとりでも新レパートリーが増えれば「豊作」と呼んでいいもの。それなのに去年は、ゲスの極み乙女。の川谷さんから始まり、藤田ニコルさん、クリープハイプの尾崎世界観さん、小池百合子さん、日本語で謝るパククネさんなど、収穫してはおいしい旬の声ばかりで、まさに私はこの一年、ごはんを食べ凌いでいくことができたのでした（人としてどうなんだ）。他にも武道館公演や、大河ドラマ出演、いくつかのロックフェスに出たり、再現ドラマでの大竹しのぶさん、松任谷由実さん役も楽しかった！　スケジュール帳とともに振り返れば、特別にいい一年だったというのがわかります。さあ、2017年の今年もますますのご愛顧、よろしくお願いいたします！

1月×日

　こないだ（年末）、深夜に知人と「飲みにいくか」となったのですが、さすがに忙しいのか、小料理屋さんに入ったら中年女性店員の接客が、格別にイラだってるのがわかりました。恐る恐る「あの〜、そこの座敷に入ってもいいですか？」と少々笑顔兼、低姿勢気味に聞いたら、「靴ちゃんと揃えてっ！」。会話になってませんが、お邪魔することにしました。しかし、やはりプリプリしてるので、なんとも居づらい。（ねえねえ、機嫌直してちょうだいよ）と言えたら……いや、もっと怒るのか？　などと考えながら、そそくさと食べて出ました。その後、落ち着いて話ができなかったから、いっそチェーン店でいいかと思って入ったら、こっちはむちゃくちゃ楽だったあああ！　あっちの感情もゼロ。だからこっちもゼロになる。ああリセット！　お店も広く感じるわ〜でした。とにかく商売はウソでも笑顔が大事なんだな〜と痛感しました。

「祝・盛り土！」さすがブロスわかってる

1月×日

『清水ミチコ「ひとりのビッグショー」IN武道館SPECIAL』も、無事終えることができました。来てくださった皆さん、どうもありがとうございました。TV Bros．編集部さんからもお花をいただいてました。さすが掲載30年のお付き合いです。「祝・武道館」ではなく、小池百合子さんのネタに合わせて「祝・盛り土！」でした。お花屋さんもびっくりなさったのではないでしょうか。電話で聞き返されたと思います。「祝、そのあとは盛り土で、本当によろしいんですか？　祝、盛り土ですか？」なんて。おかげさまで私も今回は緊張もせず、リラックスして楽しめました。70名くらいのモノマネをやったと思いますが、いつかひとりに絞ってのライブをやってみても面白いかなあ。（月）桃井かおりライブ（ワンドリンクつき）、（火）瀬戸内寂聴法話の会（お布施別途あり）、（水）小池百合子の新・小池塾（緑の服でのご来場限定）、（木）ユーミンコンサート（苗場風・紙吹雪あり）、（金）矢野顕子ライブ（弟によるニセ細野晴臣つき）。

さあ、あなたはどれに行きますか？　って行かねえわ！　本物に行くわ！

1月×日

台湾に遊びにいってきました。祝・休暇。今回、心の中では（今回はおいしいものをいっぱい食べる！　ではなく、ものすごく味わってみる）と思ってました。ともすると旅先というもの、テンションだけハイになっちゃって、結局たくさん食べては、祭りのあとのような虚しさが来ることも多いんですよね。何やってるんだろう、なんて。そこで今回は目を瞑るようにして、味覚だけを研ぎ澄まし、しっかり専念しながら食べてみようではありませんか、と私は決めたのです。あ、文字数尽きちゃった。写真など、2017年1月10日付の私のブログにも掲載しときます。宣伝みたいですみませんが、たまにはブロスとブログの合体版・ブロスグということで。

私も自然を感じながら生きていきたい

2月×日

ポレポレ東中野で『人生フルーツ』という映画を観てきました。口コミで広がっているこの映画、さすが東海テレビ制作のドキュメント。『ヤクザと憲法』もそうでしたが、よくこんな人物がいることをリサーチしてくれたものです。元建築家の老夫婦が毅然と、そして豊かに生きる姿は圧巻で、とても美しいです。私は自然に囲まれた生活は無理だとしても、少しでもお近づきになってみたい。思い余って小さなバードフィーダーを作り、自宅の木の枝にかけておきました。世田谷区あたりでは意外とムクドリ、モズ、メジロなんかも見かけるのです。これから毎朝私は、窓からエサをついばむ小鳥たちを眺めるのよ。ほほほほほ。おはよう。ほほほほほ。そう夢見てた翌週、オットが「さっき家のそばでハクビシンが走ってた」と言いました。ウソだろ！　ま、ハクビシンだって自然なのかもしれないけど、あなたじゃないの。朝、あなたと目が合いたくないの。いつかも近所で電線の上を歩いているハクビシンを見たことがありましたが、一応ネットで調べてみたら、すぐ「駆除」という言葉が。エサを食い散らかし、糞尿を垂れ流し、身体にも菌が付着しているのだそうです。しかももっと読んでいくと、ハクビシンも「食べられる」という一文があり、に、に、人間の野性が一番怖い、と思いました。

2月×日

美容院でのこと。咳をしてたら「大丈夫ですか？」などいっさい聞かれず、静かに放っておいてくれ、ひざに毛布を一枚。優しさが身にしみました。優しさとは想像力というか、頭のよさではないかと思ったほどです。咳がひとつ聞こえようもんなら反射的に「大丈夫ですか？」など、すぐ言われがちなんですよね。でもやっぱり「大丈夫じゃない」とは言えないし、「大丈夫です。すみません」などと答えるたび、メンタルまでこじらせそうになったりして。

あのころの私は武田鉄矢さんが許せなかった……

2月×日

ちょっとでも地震を感じると、すぐテレビを点けてしまいます。なぜか必ずNHK。いつからそんなに信頼していたのか？　というくらい、気がつけば迷わずチャンネルを1に合わせている。そして、震度を確かめると、「ああ、3だったか」とか「やっぱり2くらいだったな」などと、わかったような気持ちでいったん事は〝終わる〟のです。だからって、じゃあほかに何をするべきかってのも思いつかないんだけど、でもこの、数字を見て確認したらなぜか一安心、というのはなんなのだ？　なんなら震度の数値が画面の上にちゃんと出なければ落ち着かない。たとえ「弱い揺れでした」とか「錯覚でした」と書かれていてもストンと心に来ない。文面みたいな説明では腑に落ちないのでした。数字が出るまでは、待つ。案外自分は数字に対してものすごく信用しているのだなあ、と思わずにはいられません。

2月×日

大阪収録の読売テレビ『特盛！よしもと』へ。今田耕司さん司会の最近のニュースについてトークという番組で、ずっと笑いっぱなしなほど楽しかったです。後半は同じくゲストのホリさんと一緒に、ホリさん演じる武田鉄矢さんと、私の桃井かおりさんとで『幸福《しあわせ》の黄色いハンカチ』トークで当時を勝手に懐かしんだり。しかし、帰りの新幹線ではふと当時が蘇りました。この映画を観たころの若かった自分。実は桃井さんに完璧に心酔していた私は、ラストのキスシーンで人知れず武田さんにめちゃくちゃ頭に来てたのです。というのも、自分の若さゆえの感受性か、そのシーンの武田さんの顔が芝居ではなく、個人的な（俺、今、桃井かおりとキスしてる！）という興奮に満ちていたように見えたからです。私は桃井さんが汚されたような嫉妬のようなわけのわからない屈辱に翻弄され、武田鉄矢への憎しみと、いっそ武田鉄矢になりたいような尊敬めいた気持ちでひとり混乱に陥ってたのでした。

そして今日も彼女は、私の顔をじ～っと見る

3月×日

毎週お会いする番組スタッフのA子ちゃんは、ちょっと変わっています。ま、「業界っぽくない」と言えば聞こえはいいのですが、たとえばお会いするタレントさんの顔なんかを、普通だったら挨拶しながら（チラッ）と見る。でもそういう風じゃなく、もっと（じ～っ）と本気で見るんです。顔よりも（顔の奥には、いったい何が描いてあるんだ？）といった風で（まじまじと）という感じ。こっちも（あれ、そんなに見ます？）という気持ちになり、毎回一瞬笑ってしまいます。言葉もしかりで、しっかりと実感して話してるんだろうなあと思えます。こういう人の言葉には、なんだか抗えませんね。「おはよ～、寒いね～」なんて軽い挨拶で通り過ぎようとすると、「え？　今日ですか？　そうかな。そんなに寒くないと思いますよ」と、じわじわと始まってしまうのです。私は正直（そこはどっちでもいい！）と思ってるのですが。この間はまた顔をじっと見ながら「シミズさんのネタでは、井上陽水が一番好きです、私は」とのこと。井上陽水、

人生で初めて誉められたかもしれません。（ユーミンでなく？　矢野顕子でなく？）と思ってしまった私も私でしたが、後日、マネージャーが「今度ライブありますよ〜」と軽く言ったところ、「あのう、井上陽水はやりそうですかね？」と、まず「確認」をしたらしいです。

3月×日
近所の図書館に行きました。当たり前ですが、図書館にはちっとも知らなかった名著もたくさんあるうえ、音楽のかかってない場所はここくらいしかないんじゃないか、というくらい静かなので、休日には最適です。ふと手に取った福田和也著『魂の昭和史』にハマりました。難しい政治の話も、子どもに語りかけるような文体でオススメです。

裸芸って実はなかなか深いんです

3月×日
『R-1ぐらんぷり』の審査員をしました。途中、敗者復活に挑む芸人たちの中継があるのですが、ふと映った、野沢雅子さんのモノマネをしたアイデンティティ・田島さんに目が釘付け。めっちゃ面白いではありませんか。まさか「あの人いったい誰？　連れてきてよ」などとは言えませんが、出で立ちだけでなく、佇まいや声もソックリ、という不思議議感と正比例して（なぜそこに目をつけたのだ）と高まる気持ち。笑いました。敗者て。さて、今回も裸芸が強かったR-1ぐらんぷり。いっそ「裸枠」というくくりがいるのでは？　フン、裸なんて誰でもできるだろうとお思いかもしれませんが、根っからの明朗性、少々の羞恥心、人目にまずまずのきれいな裸という要素が揃ってなければ、なかなかああはできますまい、と思われます。あと、男に限る、という点も。だからといって優勝しても、（いつか俺だって）とはあんまりならない、嫉妬されにくい、いっそ清らかな芸風かもしれません（どこがだよ）。

3月×日

BSジャパンの『あの年この歌』という番組に出ました。THE ALFEEの高見沢さん、坂崎さんと一緒に歌と演奏も。リハーサルをしていると、私の鍵盤を指して「このコードは、この音を押さえたほうがいい」と、一瞬で教えてくれたスタッフさんがいました。やってみると確かにそうで、「なんて耳がいいんすか！」とオドロキました。「うん。アイツの音感は、昔っからスゲーんだよ」と坂崎さん。高見沢さんも「コードとかも誰より詳しいし」。そして、二人でまるでタイミングを合わせたかのように、「なのに歌うとめちゃ音痴」。笑いました。本人も笑ってうなずいてます。確かに、ごくたまーにいます。音大を出てるし、譜面がすぐ読め、楽器もうまい。それなのに、なんで歌が？　と二度見したくなる人。やっぱり音感と音痴は、近いようで別の回路なのか。

この世はすべてシャレだから……そんなお方でした

4月×日

いつか、ふと雑誌で読んだインタビュー記事。「オレはとらやの羊羹が大好物でねえ。いただいたヤツを、切らずにそのまま食っちゃうこともあるワケ。それでさ、残ったヤツはそのままぽいっと冷蔵庫に入れとくの。するとさ、どうなると思う？　お砂糖の成分だかなんだか、先っぽがジャリジャリしてくるんだよ。でも、それも食べてみるとね、これはこれでまた違うカンジでうまいんだなあ」。この記事を読んだ私は、なんてステキなことを言える人なんだろう、と思いました。ミュージシャンなのに音楽に関してはあまり語らず、みたいなカンジだったし、その羊羹の食べ方はどこか軽くタブーっぽい食べ方だけど、実感が伴っているせいで逆に羊羹の素晴らしさが際立って、読んでるこっちまで食べたくなってくるではありませんか。私はこのコメントを絶賛したのですが、「そお？　そんなこと言ったっけな、フフフフ」で終わってしまいました。かまやつひろしさんは、本当にそういうダンディな方でした。カッコよさの格が違う。ラフで遊び心に満ちているし、事実、すぐクタクタに笑ってくれてました。というか、この世はすべてシャレだから、という風なのです。もちろん私はそんなに親しいワケじゃなかったですけど、ネタの「この凄い血筋いっぱい」（森山一族作曲法）なんかもおおいにウケてくれ（たように見えた）、いつかは一緒に歌ってくださったほどでした。器が大きいということ。これは努力でもって誰もが成せる、なんてことではないかもしれません。

4月×日

テレビ朝日『Qさま!!』『雑学王』に出ました。『雑学王』では太田光さんから何回も何回も「どうですか、パククネ元大統領？」と聞かれました。私は今年のイチオシは小池百合子さんだと思うけど、パククネさんの声は本当においしいです。オンエアされるかはわかりませんが。

徹子さんの姿でクリープハイプのPVに出ました

4月×日

先日、クリープハイプの新曲『イト』のPV撮影がありました。クリープのファンである私も数秒ではありますが、出演させてもらったのです。黒柳徹子さんの格好で、ということだったので、その姿で尾崎世界観さん（↑私はライブで彼のマネもしてます）としゃべっていると、（いったい自分は何なんだ）と、笑いそうになってしまいます。一方では、尾崎さんにこう思われたい。（あんなことしてても実はちゃんとまともな人なのだ）と。でもこんな「芸人丸出し」の姿で、いったい私はどういう顔をすればいいの。ファンで、セミプロで。誰がセミプロだ。そして最後にはメンバー全員と写真撮影なんかしたりして、幸せでした。帰りには（そうだ、ついでに）と思いつき、メイクを落とす前に、インスタグラムで有名な徹子さんの「つけまつ毛取れた写真」を撮影しました。翌月、ちょうど『徹子の部屋』の収録があったので、その写真を徹子さんご本人にご提供。私の〝意図〟のほうも見てやってください。

4月×日

ナイツと毎週木曜日に生放送中の、ニッポン放送『ラジオビバリー昼ズ』。そこで「い〜つかきっと〜見れるよね〜」という、ちょっと甘い声のCMソングのモノマネを聞いてもらいました。歌詞をよく見ると、「見たこともないもの　見てみたいな　クジラのダンス　北の国のオーロラ　アリンコの涙　いつかきっと見れるよね」。私はこの「見れる」の〝れ〟が若干気になってたのですが、ナイツ土屋さんが「あっ、アリンコの涙みたいに、あるわけないものシリーズじゃなかったんだ」という一言に笑いました。言われてみれば、クジラのダンス、北の国のオーロラと、鑑賞可能なものが2つ並んだあと、メルヘンで着地。鈴与グループという会社のCMです。ヒットするといいな〜（ハイエナか）。

愛嬌でなんとかなった時代が懐かしい……

5月×日

テレビ局での話。いつものように廊下を歩きながら中に入ろうとしたら、なぜか私のパスがエラーとなってブザーが鳴り、通過できなくなってしまいました。警備員さんが「すみません」と言いながら原因を調べるのですが、これがなかなかうまくいかず。10分も経ったころ、私はさすがに焦り始めました。時間はただでさえギリギリ。「メイクさんも待ってるし、なんとかならないかな〜」と愛嬌でズルしようとココロみたのですが、そこは（いや断じて）というカンジで顔パスしてくれません。さすがプロです。いやいや誉めてる場合じゃない。待たされるうちにだんだん焦げてきた私。自分の頭から、黒い煙が立ち始めてきたのがわかります。怒りの色が何色かもわかりました。赤です。真赤なマグマは、黒い煙の生みの親。「今、番組のスタッフに電話してるんですが、先ほどから不在のようで〜」。えー！　そんな問題？　イライラ。そこに「あら、清水さん」と、のんきそうな声がかかりました。見ればなんと、もたいまさこさんではありませんか。「カルテット面白かったですね！　って、話をしている場合じゃないんです。もたいさん、さっきから私、この中に入れなくって今、焦ってるんです」と小声で言いつける私。「へぇ〜、そんなことあるんだねえ〜」ピッ。と、あっさり通過するもたいさんのパス。おい、それを貸してくれい、借りても警備員さんもそっと目を瞑ってくれ〜い（ライス風に）、でした。

5月×日

バナナマンさんの『バナナ♪ゼロミュージック』のコーナーで、黒柳徹子さんに扮して司会を担当しました。今月は、クリープハイプさんの新曲『イト』のPVでも黒柳さんになったばかり。昔っから（自分を表現したい！）と思ったことはないけど、他人になりきるのは誰より大好きだった私には、幸せな黒清水月間でした。

5月×日

「オーライ」「コモン」いただきました！

今年も『ARABAKI ROCK FEST.』に参加してきました。「なんでおまえが？」という職種の私ですが、どなたかのご推薦あってのこととか。本当にありがとうございますです。ライブで音楽ネタをやってるなんてことは知らない人のほうが多いはずなので、初めは若い皆さんも（珍味でも味わう？）みたいな感じで、ちょいちょいつつきながらの味見な雰囲気も、本当にうれしくなりました。この日みたいに、みんなは私を笑ってるけど、私もみんなを内心笑ってしまってるときがあります。あ、いいときだけですよ。逆にスベったときはどうかというと「しょげてないモノマネ」をしてます。「は？　全然スベってないし」という表情、必死。だんだん板についてきました。ついてんじゃないよ。さて、フェスのいいところは、いろんなバンドの味見が少しずつできることですが、私にとっては初めてナマで観るLOVE PSYCHEDELICOさんが特に楽しみでした。歌がうまいのはもちろんなのですが、MCなどもさすが帰国子女、「オーライ」「コモン」など、短い単語でサクサク進んで気風がよかったです。私も次のネタに行くときにマネしてみたいです。

5月×日

テレビを観てたら、アメリカでサンドイッチ店に入った強盗のニュースをやってました。店員さんがすごい、という趣旨なのですが、額の真ん前にピストルを向けられてるのに（面倒くさ……）という顔で、ものすごく冷静にやれやれとお金を渡すんですよ。いっさいのビビリなし。ため息混じりみたいな態度。「驚けよ！」と私はつい思いました。初めて犯人に共感したくらいです。ちなみにこの店員さんは「人生で一度も恐れを感じたことがない」人なんだそう。どうやったらなれるのだ。ＣＯＯＬとは、本当に直訳のまま「冷静」を意味してたんですね。

私の哀しい顔、そんなに面白いですか？

5月×日

ドラマ収録がありました。監督さんとは、思えば長い付き合いになるのですが、『タイガー&ドラゴン』では最後に死んでしまう女性漫才師の役、今回はワケありで淋し気な母親役、と、いつもどういうわけか私に「切ない役」をくれます。昨日の収録では、モニターを見ながら（わあ、我ながら哀しいな）と思える一瞬がありました。別にかわいそうなセリフというワケでも、私のお芝居によるものでもないのに、なんだか人生がとても惨めな感じなのです。周りのスタッフさんもしゅーんとした顔になり、空気がシーンと切なくなってきました。ところがです。背後で「ススッ」と息を吐く音が。（あれ？　なんだろ）と、私たちはさりげなくチラ見しました。そのススッ、が吸うほうの音ならまだわかります。泣いてるような音のひとつとみなせるからです。しかし、（吐くってどういうこと？）と振り返った視線の先にたどり着くと、それはなんと監督の噴き出した音ではないですか。振り返ったまま、一瞬ぽかんと見つめる私たち。「あ、ごめんごめん。いいシーンなのに。オレさ、実は清水さんが真面目に哀しい顔してると笑えてくるの、いっつも。なんでだろ」と笑いを抑えるように語りました。おいっ！『あなたのことはそれほど』でありながら、私のこともそれほどだったとは。しかし私は、その言葉である昔の光景が一瞬で蘇りました。「そういえば高校時代、お葬式に列席した私を見て、教師であるのにもかかわらず担任が（ああいう場所でシミズの顔見たとたん、オレ、苦しいほど笑いをこらえとったワ。なんでやろ）と言われたことがありました。どうやら私には何かそういう秘めた力があるらしいので、それが出てしまったのでしょうか」と、複雑な心境をポツリポツリと語りました。

ピアノほど自慢しにくいものはない

6月×日

自宅のピアノを新しく買い替えました。もう一生買い替えない、生涯最後のピアノ、そんな気になるくらいいい音です。友人が家に遊びにきたら絶対見せたいなあと思ってるのですが、実際にそういうチャンスが来ると、なぜか一向に誘う気持ちになれません。いざ見せようとすると、途端にものすごく「変」なのです。「あ、そうだ、せっかくウチに来たんだからさ〜、新しく買ったピアノ、見てってよ」と小芝居してでも友人を誘ったとする。おそらく「うん」と返事がくるでしょう。そして部屋に入った。しかしそうなるとやっぱり、一曲でも何か弾かなければおかしい。ただ眺めるもんじゃないのがピアノという楽器。けれど、もし仮に一曲弾いたら弾いたで、急にずいぶんな「ザ・手前味噌」がぷんぷんと漂ってくる。ゴジマン。相手もさすがに（え？　弾くんだ？）とは顔に出さなくとも、見せびらかされたうえに曲も聴かされた以上、なんとなく（誉めるしかない）という無言の圧を感じるに違いありません。でも、弾く側だってそうです。（一言くらいなんか言ってくれ。でないと、椅子から立ち上がりにくい）となる。こんなに変で、恥ずかしいことがあるでしょうか？　これがたとえば新車とかだったら、逆にどや顔で見せびらかしていい。別にエンジンかけたり、隣に乗車しなくたって「いいね」の一言で済むのです。ピアノに限ってはこんなに心理的にややこしいものがあるのかと思い、ほかの人はどうなのかと、先日知り合いのピアノの先生に聞いてみたら、「そういえば私もピアノ買っても、他人に見せたことないわ」と言ってました。たとえどんなにいい楽器を買ったとしても、ピアノとドラムは見せるのは変な空気になる。でもギターだけはなぜかアリだ、だからギターはモテるんじゃないかという、謎の結論に達しました。

めちゃめちゃ波長が合う！　我ら定年女子軍団

6月×日

ＴＢＳのドラマ『あなたのことはそれほど』の撮影が終わりました。いち視聴者としても（恐い！　いったいどうなるんだ!?）と手に汗を握って観ていたので、最終回の台本が来たときは貪るように奪って読みました（セリフ確認じゃないのかよ！）。そして偶然にもこのドラマと入れ替わりに撮影が始まったのが、BSプレミアムの『定年女子』。脚本は田渕久美子さんで、主役の南果歩さんに、石野真子さん、草刈民代さんと私の親友4人で、それぞれ50代の仕事と人生をテーマにストーリーが展開します。この4人って本職も個性も全然違うというのに、かえって波長が合うのか、本番以外は誰かに注意されるまで集まってはクスクス笑ってばかりいます。女ってホント後半の人生から明るいわ〜。新幹線の中なんかでも、男同士の旅行者はどこか閉鎖的に見えるけど、おばさんグループはめっちゃ明るくて、ヨソの人ともすぐ仲良くなれそうな気配プンプンです。私たちの気の合い方も、画面に映っているかもしれません。ぜひチェックしてみてくださいね。

6月×日

（たまに友達のお子さんたちが、遊びにくることがあるし〜）を口実に、話題の「VR」を買ってみました。やりたかったんですね、どうしても。きっと驚くんだろうなと予想はしていても、ビビりました。あの有名なサメがやってくる『PlayStation VR WORLDS』なんて、大人だって悲鳴が上がる。かつ、その姿を横から冷静に眺めるのもなかなかの一興でした。数人でやってみたのでしたが、「見栄っ張りはのけぞらない」という格言も出ました。それにしても、ゲームでこんだけすごい映像が可能となったら、体験学習や仕事のシミュレーションなどいろいろ役立ちそうですが、何かの洗脳とかも手軽にできそうでちょっと怖いですね（と、コメンテーター気取りで）。

一夫多妻制なら女性の怒りは止む……かもしれない

7月×日

ＮＨＫの特集で「妻が夫にキレる本当のワケ」という番組を観ました。最近、妻から夫への暴言、暴力というのをよく聞きます。人類は昔、一夫多妻制で、男は狩りに出かけ、残りの女たちは家で共存してたので、順繰りに育児もできて家事も分担しあえたんだそう。ところが、一夫一妻制（歴史的には全然浅いそうです）になると、家事も仕事も育児も全部一人でと、女性の仕事量だけがどんどん増えて、ストレスのひとつにつながったみたいですね。私の若いころの母親像というのは、だいたい「耐える」もののように見えました。といって泣く、という姿もあまり出しちゃいけない、つか感情はむき出しにしない、という厳しいオキテがありました。ところが最近は、メディアでも女性が怒っているのが目立ちます。議員の森ゆうこさんが加計疑惑に怒ってたかと思えば、元AKBのタレントが帽子の文字で怒りを表現。そして、豊田真由子さんの怒りの絶叫などは今年の上半期、一番印象的かもしれません。そんな矢先、某番組のメイクさんが、すぐ近所に住んでることがわかりました。盛り上がる私たち。あのお店知ってる？　など噂していると、「そういえば、あの角曲がったとこに雑貨屋があるでしょ？　その上がマンションなんだけど、そこから聞こえてくる女の人の怒鳴り声がすごいの。立ち止まっちゃう。一度行ってみてください。結構泣けてきます」。「誰が行くか！」と笑ったのですが、もしかしてまさかの一夫多妻制に戻したほうが、女は気が楽になったりして。

7月×日

ＣＭの撮影があり、前日にエステに行きました。昔から通ってるところなんだけど、受付の人がかしこまった言葉遣いが得意ではないらしく、たまに笑いそうになります。「シミズさまのご予約、確保、あ、失礼しました。ほかくいたしましました」と言ってました。ワニか。

私もふわ〜っと「断食」に挑戦してみました

7月×日

数年前、甲田光雄さんの著書（健康本）にすっかりハマり、一日断食というものをしてみたいな、と思っていたのですが、なんだかちょっと勇気が持てませんでした。私の世代は特に、たくさん食べることこそ健康であり正義である、みたいなのがどっかに根づいてるんですよね。長距離を走る前には、本能的にお腹いっぱいにしたくないように（走らないけど）、日々の消化や吸収で内臓は結構疲労してるもんなんだとか。慢性的ですよねそりゃ。私の弟は割合平気で「今日で断食4日目」と軽く言うのでビックリさせられます。私のマネージャーも「3日間なら何度か」など、なんなくできてる人も確かにいるのです。ドラマ『定年女子』で知り合った20代の女優さんなどは「1週間やりましたよ〜」とケロリと言って、私からしつこく尊敬と賞賛を浴びせられていました。「鎖骨がぐいっと出てきました」という独特な感想。若い人ほどサラリとできるんだな〜と思ってたそんな矢先、週刊誌をめくってたら、なんと若い世代には今や「断食の旅行」が「普通にアリ」みたいに書いてあるではありませんか。あとは私の勇気と決断だわ。そんなワケで先週の休日、初の24時間断食に挑戦してみました。（絶対に！）などと決めると逆に心が折れそうなので、（ふわっとね）と、笑顔で話しかけながら。（いいネタになりそうですよね〜）なんて冗談みたいにしながら。エステ行ったり映画を観たりしながら。もっとフラフラするかと思ってたんですが、身体は軽くなるし、脳はスッキリするしいいことばかり。でも実は、その前日にお酒を飲んで10時間もグッスリ眠れたのが一番の勝因だったんだけど、「それは断食に入りませんね」と、お坊さんのような声でマネージャーに言われました。よい子はマネしないでね（※感想には個人差があります）。

もんのすごい濃厚な2週間を過ごしました！

8月×日

7月中旬、私にとって世にもすごい2週間がありました。まずは細野晴臣さんから、なんと私の弟に「ライブの前座で出てもらえないか？」というお話が。ざわざわ。胸のざわめく音。弟は細野さんの大ファンでモノマネもやってるのですが、所詮はただの素人。「私も出ようか？」と私もちゃっかり駆けつけて、弟と二人で前座芸人。スリルはあるわ、お客さんは驚くわ、こういう仕事なら毎日やりたいほど楽しかったです。ところでそのあと、軽いステップで登場した細野さん。それを見た私は驚き、弟にそっと「あんなに軽快なステップできるんだ！」と聞きました。すると、「知らなかったの？細野さんが踊ってるだけのＰＶもあるくらい踊りうまいんだよ〜」と弟。皆さんも検索してみてください。『The House of Blue Lights 細野晴臣』。これ日本人？　と思うくらい軽妙です。その数日後、今度は知人に頼まれて、ＮＨＫホールでのシャンソンの殿堂『パリ祭』へ。シャンソンファンから（なんでこの人なの？）と嫌われないよう、ちゃんとシャンソンネタを作って15分弾き語り。ウケたわ〜。翌週は『大竹しのぶ還暦パーティー』INブルーノート東京。しのぶさんとさんまさんの掛け合いは、ずっと聞きたいほど最強でした。ここではいろんな人の声で『Happy Birthday』を弾き語り。今後、誰の誕生日が来ても使えそうなネタです。翌々日は『徹子の部屋クラシックコンサート』INオーチャードホール。山下洋輔さんと連弾という怖ろしい本番も、無事クリアできました。そして先日はJ-WAVEの『SUMMER JAM 2017』IN横浜アリーナで弾き語り。さらになんとその前日には、MICA（マイカ）音楽専門学校で、あの松任谷由実さんとご一緒したではあるマイカ。この続きは、ぜひ次回で！

ユーミン様とのツーショット、それについた一言

8月×日

MICA音楽専門学校（松任谷正隆氏設立）から「30周年記念のイベントに、ぜひゲストで！」というオファーがありました。キター！　喜んで（キラキラ）。そして当日、いろんな方が歌ったあと私のコーナー。そのあと数人が歌い、最後がユーミン様。アンコールでは全員で歌い分けをしながら合唱。居づらい立場の私でしたが、ユーミン様が「チョー面白かった！」と言ってくださいました。しかも2ショットで写真を、というときに「私ね、この写真につけるキャプション浮かんじゃった」とおっしゃるので、

「どんな言葉ですか？」と聞いたら、「共存共栄！」。なんて短くてうれしいお言葉でしょう。ジーン。のちにユーミン様のツイッターに、その言葉とともに写真が。同時に、私の卒業写真（何からの？）にもなったのでした。

8月×日

批判の少なかった斉藤由貴さんの記者会見。なるほど、人は不倫自体にではなく、人に怒りたいものなんでしょうか。ああいう記者会見で、自分を高くも低くも置かずに、正直に自分の言葉を探すようなあの表情に、誰も責める気が起こらなかった気がします。塞がない。はしゃがない。開き直らない。会見では普通、自分へ向かってくる強い視線に、なにくそと跳ね返すとか、オモシロ方向に持っていくとか、あるいは負けたテイにして「ここまでで！」などとするものですが、斉藤さんは終始「とろ～ん」。大竹しのぶさんもそうですが、この二人にはこの「とろ～ん」が共通しているように思えてなりません。もはや無防備なままではいられないのが現代社会。常に理論武装をし、立ち向かっていく現代人の遥か彼方にあるという、小さなとろ～ん村。そこに住む女どもは「なんだべ……？」と裸で立ちながら、とろ～んとまっすぐこちら側を見つめておった。

みたいな純朴さがあるんですよね。心の声は（おっぱい隠せ）ですが（笑）。

いい芝居を観ても、うまく誉められない私たち

9月×日

松尾スズキさんの芝居『業音（ごうおん）』を観にいってきました。すごかったあ。重いはずのテーマなのに面白いってすごいな〜。松尾さんみたいな天才の後継者っていないんじゃないでしょうか。平岩紙ちゃんは、カッコよくて全部がきれいで、また一からファンになってしまった。そして、一緒に観にいった野沢直子ちゃんに「宮崎吐夢さんはいったいどこに出てたんだ？」と言わしめたほど、痩せてきれいな美少年になっていた吐夢さん。めっちゃすごい！　ジムと食べ物でスリム化に成功なさったそうですが、役者って「来月までに美少年になってね」と言われたらなれるものなのですね。普通命令されないものだから、なれないだけだったのかもしれません。誰か私に「明後日までに美人になあれ」と命令してくれないかなあ。夢を叶えてあげたいと思うの。直子ちゃんと光浦靖子さんと一緒に行ったのですが、とりわけ直子ちゃん、めっちゃコーフン。

食事をしながら3人でお芝居を誉め合いました。しかし、やはり芝居鑑賞に慣れてない私たち。どこか率直なんだけど、「あの、出てくる順番がよかった」という言い方をしてしまったのが悲しかったです。順番、誉められてもな〜。

9月×日

夏休みに、元、私のマネージャーであったナカガーさんの自宅に泊まってきました。ナカガーさんというのは、もともと誰からも一目置かれるフシがある賢明な女性だったのですが、結婚を機に、長野でののんびりした農業生活に移行し、充実した日々を送っておられる方。あの武術家の甲野善紀さんも縁あって、ついこないだ泊まっていったとおっしゃってましたが、私もとても深く眠れました。「迎え上手」という特技とでもいうのか、適当に来客を無視してくれ、自分の生活を乱しませんという態度は、本当に休まります。しかし、これは案外誰にでもできますまい、と感じました。

レミさんの隣だと、自分の知能が高くなる気がする

9月×日

テレ朝『林修の今でしょ！講座』に出ました。平野レミさんとご一緒。同じゲストとして今回みたいに隣にいると、自分の知能がピーと高くなるのがわかります。というのも、レミさんがお隣だとツッコんだり、早口でおっしゃったことを手短に説明したり、言い間違いを直すなど、勝手にサポートをしたくなるので、普段よりも脳が活性化する気がするのです。それなのにレミさんは「えと、ミ、ミ、ミッちゃんてばさあ、ふ、ふ、不思議な人だよね〜。ほかの人のモノマネはにに似てるのにさああ、アタシのマネだけはさああ、ぜぜぜーんぜん、似てないし、すっごーくすっごーく下品なの！」と言い切ります。ウケる。「レミさん、上品だもんね」とイヤミを言っても、あっさり「そうそう」と肯定されます。休憩中、トイレの前でバッタリ会ったときは、手を洗われたばかりなのか、エプロンの端っこで手の甲を右手、左手と拭いながら出てきたのが、小学生の少年のようでめちゃかわいかったです。

9月×日

女同士もときどきする、下ネタ。しかし、私は昔から静かに不思議だなと思っていました。（この人の下ネタはいつもヒイちゃい気味なのに、こちらはカラッとしておられる）という微妙な差があるからです。いったいどこに違いが？　なぜ一方は砂を嚙むような思い（大袈裟）になってしまうのか？　最近私がニランでいるのは、その人が、自分の裸にあっけらかんとしてるかどうかの違い。裸で横になってもケロッとできるタイプは（美醜関係なく、ですよ）下ネタ大いに結構、とばかりに明朗ですんなりあけすけに話すことができます。しかし（私なんて）というコンプレックスがあったり、（キツい、無理！）と思ってる人は、もはや自分でヒイてしまいがち。参加しなければいいのにあとには引けず……とどこか精一杯さが目立つからかもしれません。皆さんの周りではいかがですか？

え？　森山さんもダンケルクご覧になったんですか？

10月×日

映画『ダンケルク』を観てきました。噂には聞いてましたが、ＣＧほぼなし、主人公なし、ストーリーなし、敵の姿なし、それなのにめっちゃ怖いというすごい映画でした。一緒に行った30代男性は「怖かった。僕は……」と言ったきり、なんだか元気がなくなってしまいました。繊細な人にはちょっとショッキングかもしれませんが、ざっと歴史を予習して映画を観ると、きっともっと深い面白さで観ることができると思います。さて、その翌日はＴＢＳ『ぴったんこカン・カン』のロケがあり、森山良子さん、阿川佐和子さんと半日都内をご一緒しました。途中、３人で写真を撮ったので、メールでお二人に転送。そしたらすぐに、森山さんから「お写真、ダンケルク！」と返事が来たので、私は驚き、「ダンケルク、ご覧になったんですか？　私もゆうべ観たばかりです！　すごかったですよね」とコーフンして書いたら、「何のこと？　私ね～、ダンケルクとダンケシェーン書き間違えちゃった」とのことでした。平和か。平和といえば、そのロケで「笑いのヨガの先生」という若干怪しげな達人とご一緒したのですが、「無理でもウソでもいいので、とにかく笑う。いいから試してみてください」と言われ、すっごく恥ずかしい踊りをさせられながら、笑うハメになった私たち。体操もしながら爆笑させられている私たち。（バカみたい！）と思うほど、今度はだんだん別の意味で笑えてきました。しかも、本当にそのあと、なんだかスッキリして元気になってるのにも驚き。快楽ホルモンを呼び出すことで細胞を活性化させるんだそうです。いや〜、脳を騙すってなんと単純明快なことでしょう。映画でしょげてたあの男性にも、憂鬱に悩まされてる人にも、ぜひ教えてあげたい（カッコ悪いけど）と思いました。今回も私のコラムを読んでくれて、どうもダンケルク！

え？　アムロス？　あなたそういう年齢でしたっけ？

10月×日

テレビを点けっぱなしにして掃除をしてたら、「安室ちゃんが辞めちゃうなんて、もう私、アムロスです〜」と、女性アナウンサーが残念そうに言ってるのが聞こえました。

ホントか？　と思った私。もちろん引退してしまうのが本当なのか？　ではありません。そのアナウンサーが、どう見てもそういう年齢じゃなく見えたからです。もしかしたら「自分はアムロスである」という報告で、少しでも若く見せたいのでは？　お祭りに乗っかりたいのでは？　とまで疑ってしまうヒマな私。もちろん私もアムロスまではいかない世代。そうです。アムロスはああ見えて人を選んでいるのです。カリスマ性以前に、聴く側と歌う側の年齢というものは、実はものすごく密接に関係しています。しかし、その年代を強調するかのような番組が始まりました。私と六角精児さんとの司会によるＹＡＭＡＨＡの番組です。タイトルは『甦れ！青春ポップス』（ＢＳ朝日）。年代の匂いがじわじわしてきます。しかしぜひ一度嗅いでみてください。こういうものは慣れが大事なんです。

10月×日

吹越満さんとともに、テレ東の『アド街ック天国〜下北沢編』に出ました。下北沢を歩いていると出会う確率3位の吹越さん。ちなみに2位は竹中直人さん、1位は柄本明さんだそうです（２０１７年ＪＡＭＨＯＵＳＥ調べ）。ところで、そんな下北沢近辺のイタリアンレストランでのお話。友人がごはんを食べていると、ジョン・カビラさんらしき人物が入ってきたのだそう。すると、それを発見した背後のカップルの話が聞こえてきたんだそうです。「あれ、ホラ、あの人だよね」「どっかで見たことあると思ったんだよ〜」「名前は確か」「ショーンKだ」で、笑いもせずに話が着地したらしいです。人の話に口を挟みたいジレンマが伝わってきました。

趣味を見つけたい、この歳でその意味わかってきました

11月×日

こないだ弟に会ったら釣りに夢中みたいで、ずいぶんと幸せそうでした。まるで心の中に海があり、魚がいるみたいな話し方。私のオットは英米のシンガーソングライター系の歌が好きで、若いころも何度か中古レコード屋で待ち合わせをしました。しかし、「ちょっと待っててもらえるか」と言われてから1時間を超えることもしょっちゅう。こんなに夢中になれることがあるなんてずいぶん幸せな人間だな、老後孤独になっても大丈夫だなあと思ったものでしたが、私はハッとしました。私の趣味って何なんだろ

う？　好きなことはいつの間にか、順番に全部仕事にしてしまっているではないか。ピアノ、歌、モノマネ、文章書き。やればやるほど労働に。オファーのなくなった老後、いったいどうなるんだろう？　若いころは「趣味を見つけたい」などと口にする人の気持ちがまったくわからず、（出た、変な謙遜）くらいに感じていました。しかし、最近わかってきたのです。何かに没頭できるということは、世間と遮断でき、自己を独占できる、唯一の夢世界なのですね。しかし、いざその桃源郷を見つけようとすると、途端に趣味のほうが人間を選ぶみたいな。もしかしたら探すものなのではなく、人間の内側にあるものが普段から無意識のうちに選別をしていて、その結果が趣味に出るということなのかしら。つまり、趣味のない人は、不必要だという選択をしてきただけなのかもしれません。私の知り合いなどは、レコーディングスタジオを経営してたのですが、音質はもちろん、内装までこだわり、ついには愛しすぎてしまい、他人に貸すのをやめてしまいました。毎月その土地代に大赤字を食らっているそうですが、自分の大事なものが汚されるよりはいいらしく、「そこにオレのスタジオがある」というだけでものすごく幸せそうです。まさに趣味とはお金じゃなく、プライスレスなものなんですね。

家に帰っても、天龍源一郎さんのままな私

11月×日

　おととしだったか、バラエティで天龍源一郎さんとお会いしてすっかりファンになってしまい、ついモノマネをしてみたところ、終了後、ご本人が「シミズさん、あれ、俺も聞いてて笑っちゃったよ」と言ってくださいました。その言い方、顔、声、に（カッケー！）と心底感動して以来、ときどきモノマネをしています（迷惑）。我ながら似てるわ〜と思いながら、家でも天龍さんで独り言をブツブツ言う私。本当に人は声なり。マネているうちに天龍さんのお人柄、器の大きさを感じずにはいられません。もちろん11月から始まる私のツアーでも多発すると思います。ぜひ何を言ってるか、聞き取ってみてください！

11月×日

光浦靖子さん、スピリチュアルのＣＨＩＥちゃん、私のマネージャー・タナカさんと

一緒に、お正月どこか旅にでも行こうという話になりました。（マネージャーて）とお思いの人もいるかもしれません。年も30ほど若いのですが、大人っぽい性格のせいか、とても気が合うのです。さすがに休日の旅先までも気を使わせて悪いな、とは思いますが、いつ誘ってもホイホイと付き合ってくれる人のよさがあります。いつかは私の元バイト先で大変お世話になった田園調布のパテ屋さんが、スタッフ緊急募集の事態となりました。その時、私が手伝いましょうと言ってくれたのがタナカさん。本当に行ってくれました。私は世の中で、付き合いのいいことほど親切なことってあるのかな、と思います。誰もが時間を惜しむものなんですよね。ありがたいことでした。

11月×日

きたやまおさむさんのライブ『アカデミックシアター』IN中野サンプラザにゲストで出てきました。きたやまさんはミュージシャン兼、精神科のお医者さん。そのせいか本番で、「なぜマネばかりしたくなるんですか?」と私に個人的質問をなさる姿が診察みたいで、会場からクスクスと笑いが起こりました。

人のいない浅草演芸ホールで赤ちゃんの泣き声が

11月×日

　ニッポン放送『ラジオビバリー昼ズ』でも毎週お世話になってるナイツのお二人と、雑誌の鼎談でご一緒しました。鼎談後に、浅草演芸ホールでの写真撮影となったのですが、お客様がお帰りになってから、ということで、夜、シーンとした演芸ホールの中へお邪魔しました。普段はとても賑やかな空間が、急に静かに閑散としている様子は、まるで深夜に忍び込んだ小学校かのような異次元空間です。人の気、みたいなのが急に消えると、途端にこんなに寂しく、自分からすーっと遠のいてしまうカンジがしちゃうんですかね。と、そんなことを話していると、奥のほうから赤ちゃんの泣き声がこだまし始めるではありませんか。ものすごくギョッとしました。「なぜに赤ちゃんが？」と指を差すと、「赤ちゃんじゃないですよ。この鳴き声、似てますけど猫です。ホール全体で飼ってるんですよ」と土屋さん。そっちでしたか。じゃあ、その猫は芸人さんがみんなでかわいがってるのかなあ、いいな、と思ったら、塙さんが「いつごろだったか、いきなり楽屋に張り紙がしてあって。それ読んだら『ネズミ駆除対策として、猫を飼うことにしました』と書いてあったんですよ」。なんと！　昭和もネズミも、そこにまだ息づいています。若い人にはわからないかな。人の役に立っている猫の図。なんだかいい話です。

11月×日

ただいま全国ツアー中の私、週末は鼻息荒く各地に出かけております。土日に飛行機の窓が曇ってたら、背後に私がいると思ってください。ところで旅先で見たニュース映像で、来日していたトランプ大統領の鯉のエサやりの光景が忘れられませんでした。器を一気に逆さにし、ドサ！　で、終わり。しかも笑顔なのです。ビックリ。すごい落差。さすがアメリカン。思い切りアメリカン。「情緒は！」と言いたくなりましたが、「トランプのエサやり」。なんかのことわざになりそうです。

星野さん、私が触ってたこと叱らないでね

12月×日

全国ツアー中で、先日は札幌に行ってきました。参加してくださった皆さん、本当にありがとうございました。その打ち上げで、ふと「なんとなく、札幌ってヤンキーが少ない気がするのだけど？」と私が聞いてみたところ、「そういえば、あまりいないかも」と地元のイベンターさん。その理由を「大自然が美しいせいではないでしょうか」とおっしゃいます。マジすか。笑っちゃう。「だいたい冬は雪かきをしてる親の背中を毎日見て育つもんだから、反抗したい気になりにくいのかもしれませんねえ……。しかも寒いから、コンビニ前にたむろするのも相当な覚悟がいりますし、降ってくるパウダースノーは、やっぱキラキラしちゃってきれいだし」とのことで、鍋を囲みながら、雪の浄化作用は人の心にも機能する説が誕生しました。

12月×日

私の若いころのレギュラー番組『夢で逢えたら』のディレクター・星野淳一郎さんが入院先でお亡くなりになった。お見舞いに行ったときは、酸素マスクをしてしゃべれなかったけど、目が合うとニコッと笑ってくれてすごくうれしかった。腕をさすりながら私が「もしかして『俺が今しゃべれないからって、好き放題触ってんじゃねえ』って思ってたりして……」と言ったら、その大きな両手で（ガタイのいい人だったので）◯を出した。「退院したら、触ってたこと叱らないでよ」と言ったら、また腕を上げて×を出した。叱られるのかよ。相変わらず厳しいなと、みんなと一緒に笑った。仕事に厳しくてストイックだった星野さん。個人を注意するときは皆の前で叱ったりせず、隣に来て直接そっと教えてくれた。私は何度か恥ずかしい気持ちになったけど、今になって思うと、そんなことをしてくれた人はほかにはいなかった。星野さん、いろいろ本当にありがとう。いい作品を残して、さっと去っていくなんて星野さんらしいね。お疲れ様でした。

2018

ボクシングの山根元会長や脱走犯のヒダ容疑者、ハズキルーペのCMなど、強烈な個性に注目が集まった年でしたが、それらキャラクターからそれぞれの現場の裏側を自分なりに分析してみました。そしてTV Bros.から番組表がなくなって月刊誌になったのもこの年でした。

2秒遅れの映像でようやく気づいた、指揮者のすごさ！

1月×日

読者の皆さん、新年あけましておめでとうございます。今年も私とTV Bros.をよろしくね！　さて、私の2017年は、お正月の武道館ライブで始まり、年末の武道館ライブで締めという、おめでたい2デイズに挟まれた一年でありました。観にきてくれた皆様、ありがとうございました。そしてなぜかよく再現VTRに出させてもらった一年でもありました。大竹しのぶさんになったり、黒柳徹子さんになったり、松任谷由実さんになったりと、もはや再現女優という仕事を視野に入れられそうなイキオイが感じられました。

1月×日

そんな中、師走にはクラシックコンサートの司会も担当しました（私の職業って何なんだろう）。さすがは一流どころのホール。音響も豪華なら、楽屋のソファーもフッカフカ、お弁当はエビフライのサンドイッチでホッカホカ。ついでにステージを映すテレビモニターも画質がクッキリときれいだったのですが（普通はモノクロが多い）、ふと見ると、画面の下にこんな文字が。「画像は2秒遅れです」。なぜそうなってたのかはわかりませんでしたが、その時は単に（そっか〜、2秒遅れなのね〜）と何も考えずにぼーっと見てた私。確かに、まるでいっこく堂さんの芸風のように、人の口の動きと、そのしゃべり声に、少しばかりのタイムラグが生じていました。ところがです。いざ演奏という風景を見て、私は驚きました。指揮者の藤野浩一さんのタクトの動きが、どう見ても奏でている音楽の演奏とピッタリなのです。つまり、上手な指揮者とは、奏でさせたい音楽の数秒前の動きをなさっているものなのでしょうね。すごい話です。ちっとも知らなかった。私はどこかで、指揮とは音楽にノリノリになりながら気分よく（次、キミね！　バイオリン！）とばかりにタクトを振ってるもんだとばかり思っていたのです。ダンスか。

若い世代は、時間の使い方が能動的で濃い

1月×日

お正月は台湾旅行へ。光浦靖子さん、私のマネージャーのタナカさん、スピリチュアルのCHIEちゃんの4人。気がつけば50代、40代、30代、20代という4世代での旅行になりました。しかし、若い世代には本当に敵わない。とにかくよく下調べをしていて、楽しみや目的をしっかり持っているのです。旅行にかける体力が違う、意欲が違う、エネルギーが違う。ただブラブラするだけのシミズツーリストの時代は終わってて、若者ツアーは「どうせここに行くんだったら、この店のタケノコとシイタケまんを食べてみましょう」などと、初めての街でもGPS片手にサクサク連れてってくれます。帰り道も「ついで」「どうせなら」を調べていて、「この神社に寄ってから、帰りはここで台湾茶を飲み、おみやげも買いたいな～」など、時間の使い方が濃いのです。我々の友人にYさんという台湾名人がいるのですが、彼女からもらった手書きのガイドブックも大変重宝しました。手書きってのがすごいでしょ。マッサージはここの店の足ツボがオスス

メ！　なんて地図なども掲載。しかもそのガイドブックの最後には「ルーペ」つき。タクシーのドライバーさんが、行き先を拡大して見られるようにするためです。最初は「独特か！」とか言ってニヤニヤしてた私でしたが、これが大いに役立ちました。どのドライバーさんも「助かる！」という表情で覗き込んでたのです。なぜか台湾のドライバーさんには老眼の方が多い。いや、というよりも若いドライバーさんが皆無な印象なので、これは皆さんにもオススメです。今回は宿泊もありがちなホテルなどではなく、「リノベした古民家」をチョイス。初めての民泊体験でしたが、庭もきれいで小鳥のさえずりで目覚めたりして、ちょっと住んでるみたいな感覚。私自身もちょっとリノベされました（↑無理して使う人）。

たけしさんと所さんがしてたヒソヒソ話

2月×日

日テレ『世界まる見え！テレビ特捜部』に出ました。収録が始まる前、ビートたけしさんと所ジョージさんのお二人が「お正月に二人で行った沖縄話」をひそひそ、クスクス言い合ってて、めっちゃかわいかった。かわいいというのは失礼だけど、いい大人が60も過ぎてから親友になった（私にはそう見える）間柄は、すごく清らかに思えるのでした。何の打算もなく、「単に楽ちんだから」の一点で付き合えているのだと思う。「空港の人だかりを制してやった」とか、「海を見ながら二人で食ったソーキそば、あれうまかったな」とか、「3つのゴルフ場を借りながら、結局全部キャンセルするほど焼酎飲んじゃってサ」など、豪快な話でもあるはずなのに、どこかきゅんときました。これが女だときゅんとはこさせません。もっと合理的にうまくやりそうです。

2月×日

毎週木曜日は、ナイツのお二人と『ラジオビバリー昼ズ』のレギュラーをやっています。先日、女性からの投稿メールに、「私は変顔をするのが大好き」という一文がありました。実は変顔って、「自分の顔が好きな人」しか積極的にやらない行為なんですよね。もっと言うと「見て見て、こんなに変になっちゃったお〜」という、言ってみれば器量への余裕を楽しむ貴族たちのお遊び。だからなのでしょうか。正直あんまり腹の底から笑えたことがありません。どこかにその自信が透けて見えるからかもしれません。

かといって、じゃあ不細工な人が変顔をやったらおかしいかというと、これも普段の顔とあんまり違いが出ないので（そのままでいいのに……）となってしまう。変顔する人は写真を見せるのも好きなので、「わあ、すごい」などと驚いてみたりするので精一杯です。大人も大変なんです。変顔問題、実はあけっぴろげに見えて、難しい問題をはらんでいるのです。

レミさんはなぜ面白いのか考えてみた

2月×日

平野レミさん、阿川佐和子さんと『ボクらの時代』に出ました。11年ぶりのトリオでの鼎談なんだそうですが、今回はフタを開けたら、うっかり平野レミトークショーになってしまった感も。しかし、レミさんの話はやっぱり面白い、と阿川さんと二人で再認識。笑わせようとしてないのに自然におかしいのはなぜか。基本的に「無防備だから」というのもあるかもしれません。童話『裸の王様』の最後に出てくる少年のセリフ「王様は裸だ！」（レミさん風に言うと「王様ってさああ、裸よね！」）みたいな、暗黙に誰もが言わないようにしてた言葉を、堂々と口にする気持ちのよさも手伝っていると思われます。どこまでオンエアされたかはわかりませんが、本番では話の流れから、おちんちんの絵を4回も描いてくれました。よほど精神がピュアでなければ、公共の電波でこういう絵は1回だって描けないと思います。よく聞くあの有名な「いつまでも少年のような心を持つ人間」は、こんな近くに本当にいたのです。

2月×日

おかげさまで私のライブ『清水ミチコのひとりジャンボリー』の追加公演が始まりました。ありがたいことです。ところでこういう職業に就いて、初めて知ったことがひとつあります。よく客席にいると、コンサートが「5分押し」とか「10分押し」で始まることがありますが、私はそれはてっきり本人の都合で遅くなっているものだとばかり思っていました。メイクがまだとか、ドレスがもうちょっととか、ちょっとトイレにとか。しかし、裏側にいると、外タレでもなければそんな人はなかなかいないとわかりました。実際は、悪天候や渋滞が発生し、会場にギリギリで到着するお客さんが多そうだと見込まれるときなどに、舞台監督が（もう少し待ったほうがよかろう）と見計らって決断する、というもの。つまり、大人の判断だったんですね（当たり前か）。

芸人トリオ驚愕、三浦大知さんの清らかさよ！

3月×日

「三浦大知さんの武道館ライブ、一緒にどう？」とお誘いがあり、森三中の黒沢さん、椿鬼奴さんと私の芸人トリオで行ってきました。楽しかったあ〜！　やっぱりすべての「芸能」の始まりは、踊りからじゃないでしょうか。「踊れる」ってすごいです。読者の皆さん、れますか？　れないでしょう？　会場の皆さんも（一緒に踊りたいのはやまやまなんだけど、彼の天才的ダンスを集中して観ていたい）といったハザマで、れる・れない・れる・れないと揺れている風にお見受けしました。それにしても歌はうまいし、MCは爽やか。決まったあともすぐドヤ顔しないでニコッ。なんと清らかな才能でしょう。あの子の汗はピュア・ウォーターです。塩分なし。というか、お水を一滴も飲まないのも不思議で、どうやって喉の渇きに耐えているんだ？　と、帰り道で話題になりました（ほっとけ）。羽生結弦さん、宇野昌磨さんにしてもそうですが、最近のお子さんは（お子さんて）まるで、自分のためでもメダルのためでもなく、地球を清らかにし、人類を浄化するために生まれてきました、という宿命を持っているかのようです。いやホント。

3月×日

BSフジで観た『クイズ！脳ベルSHOW』という番組が、すごかったです。この日は『飛び出せ！青春』という昔のドラマの主役だった村野武範さん、石橋正次さんがゲストだったのですが、なんとお二人とも「若いころそのまんまの顔」で出てくるのです。驚くべきことに、ご本人に長時間の特殊メイクを施し、若いころの風貌に加工しての登場なんでした。「塗り出せ！青春」です。そして往年のセリフを、二人で叫び合うというシュールさ。正直、コワかった。なぜ若者が年寄りメイクをするのは怖くないのに、その逆はなんだかちょっと怖いのか。時間を逆行したらバチが当たる、とどっかで思っているからでしょうか。

声から見える女子アナと女芸人、これまでの人生

3月×日

フジテレビ『潜在能力テスト』に出ました。女子アナVS女子芸人チームでの対決です。女子アナはやはり華があるのか、自然に声が立ちます。これは職業柄からくるものではなく、生来の性格のまっすぐさからきているものと思われます。自分を疑ったりしてません。それに比べ、意外と若干か細い声なのが女芸人。盛り上げようとするわりに、根の弱さが見え隠れしてしまう。私以外にこの日はオアシズ大久保さん、たんぽぽ川村さん、椿鬼奴さんなど、小声揃いだったせいかもしれませんが。やっぱり子どものころからみんなの前でしっかりキッチリ正論を言えてきた人種と、間違ったことなどを言っては笑われることを好んできたようなタイプとでは、根っこだけではなく、土の養分、光合成、茎の太さ、花が違うのだとよくわかりました。私たちは束にならなければ、そして一緒に大きく口を開けて合唱せねば、なのでした。政治家は、声が大きい人ほどうまくいく職業だと聞いたことがありますが、タレントだけでなく、読者の皆さんのクラ

スでも会社でもそうかもしれませんね。もはや「声のでかさ」がまずは正義です。

3月×日

東京五輪に向け、都内では夜中も工事がどんどん進んでいます。正直、私は平昌五輪の開催前、(全体的に盛り上がらないのでは)と思ってました。いかにも寒そうだし、宿泊所など大丈夫なのかな、などと。ところがいざ始まってみたら、がぜん面白くなってきたではありませんか。日本人がどんどんメダルを取っていくゆえか、聖火台から人々の希望の炎へと大きく燃え広がったという印象です。今となると「よかったなあ！平昌五輪は！」という気持ちです。そうなると、ですよ。映画と同じで、東京五輪もあんまり前評判を高くしないで、いっそ(蒸し暑いし、そんな期待しないで)とアピールするのも逆にアリかもしれませんね。

私と照明、どちらが長く輝き続けるか？

4月×日

こないだ、突然リビングの蛍光灯が切れました。電気のスイッチを押しても押してもダメ。長押ししても点かなければ、半押ししても無視。「何年目だっけ？」とオットに聞くと「5年くらいじゃない？」とのことで、早速新しい蛍光灯を買いに出かけたのですが、私の住む下北沢はここんところ、電気屋さんがほとんど皆無なのです。こんな街にも、あの〝Ａｍａｚｏｎ川〟に侵食された形跡が確認されるとは……。仕方なく自宅に戻ってＡｍａｚｏｎで注文。なんと、侵食させてた犯人は自分ではありませんか。その晩は、仕方なく暗い電灯で食事をした我々でしたが、電気が薄暗いなんてだけで、なんとなく夕食の喜びというものは半減するものですね。知りませんでした。早々に各自の部屋に散らばりました。翌日、届いた蛍光灯を開封したら、蛍光灯の箱に「長寿命・１６０００時間」と書いてあります。１日８時間として３６５日で割ると、およそ５年半も保つ、と計算機を片手にわかりました（ＬＥＤならもっと保つのでしょうが、サイズが売り切れだったので）。「次回またこの照明を替えるころは、自分たちは何歳になってるのか」と数えたら、60を楽に超えており、また部屋に散らばりそうになりました。

4月×日

早起きして、生放送の『あさイチ』に出ました。「今、NHKの駐車場が工事中でして」とのことで、タクシーでの移動になりました。しかし楽屋に入ったら、「国会中継が入ることになってしまいまして」とのことで、放送は半分に。得したような、損したような宙ぶらりんな気持ちでしたが、突然フラれた「どうですか？　松任谷由実さん」でモトを取りました。ユーミンといえば、先日オンエアされた『嵐にしやがれ』での共演がとても幸せでした。（これからもネタにさせてください）と、心で祈願した次第です。

ワークショップでお芝居の極意を学んできました

5月×日

TBSの2時間ドラマに出ることになりました。お芝居はあまり得意じゃなかった私。申し訳ないので、休日に演劇のワークショップに参加してみました。私にも真面目な一面だってあるのです。さてワークショップでは、演じるとは何か、セリフをどう自分のものにするか、などを専門家から教わります。「ハッキリ言ってドラマにテレビタレントが加わると、全体のお芝居が浮いてしまうことは多いものです」と最初から手厳しい先生。「全身から戸惑いが出てしまうんです。まったくの他人になりきって、別の人生を生きているという錯覚を、まず自分の中で消化してからセリフを言うようにしてみてください」など、内容が具体的で面白かったです。よほどテレビタレントの芝居に言いたいことがあったのか、「だいたい自分を前に前にと出してくるのがタレントの特徴ですから」とか、「自分のセリフ部分だけしか読んでこない人もいますし」「バカじゃできない世界なんです」など、どんどん言い方に深みが増していき、悪い汗が出ました。ところで芝居といえば『ハズキルーペ』のCM。つい笑ってしまいます。いい意味で。プレゼンしている渡辺謙さんが眩しすぎます。多分、彼はご自身を一度、外国人に変換してから役に入っておられると見ました。スケールの大きな芝居をすることで、ルーペによって、文字もいかに拡大して見えるかを、さりげに伝えているのかもしれません。

5月×日

六本木の青山ブックセンターがなくなるとのこと。ガーン。ちょっと立ち寄っただけで頭がよくなるような、リッチな気持ちにさせてくれるような、カッコいい本屋さんでした。店員さんも本が好きそうなんですよね。ちょうどお店の真ん前から渋谷駅行きバスが出てて、買った本を読みながら揺られて帰るコースも手ごろで気に入ってました。

私が出る前から盛り上がってて震える

6月×日

この夏、茨城・ひたちなか市で開催される『ROCK IN JAPAN FESTIVAL』に参加することになりました。ご近所の方、おヒマな方、ぜひ観にいらしてくださいね。先日は『阿蘇ロックフェスティバル』にも出させてもらったりして、ここ3〜4年はフェスづいている私ですが、実は正直、出る前に舞台ソデで待ってるときがいまだにちょっとコワイです。震える。西野カナの気持ちがわかります。ジャンルが違うからっていうんじゃなく、若者が最初っから盛り上がってる感じ。(これ以上盛り上がるものなのか?)(盛り下がるしかなくないか?)(いったん盛り下げてみるか)など、いらんことが頭をよぎってしまう。スタッフもいつもよりキラキラ輝いてて、普段と違う感じに、（輝かないで！）（むしろうつむいて！）と願ってしまうのです。ステージに一歩出てしまえば平気なのですが、この舞台ソデでの待ち時間が苦手で、やたら長く感じます。ミュージシャンの皆さんはどうなんでしょうか。ま、出る前のソデで悠々と高笑いしてるシンガー、なんて姿も少なそうですが。

6月×日

TBSドラマ『税務調査官・窓際太郎の事件簿』に出ました。商店街でのロケだったのですが、酒屋さん役、八百屋さん役、警察官役など、エキストラや俳優さんたちが、普通に街に溶け込んでいて、さすがでした。つるっとした頭にハチマキを巻いたニッカボッカ姿のおじさんが私の隣に来て、「清水さんは今日、出番はあるのかい？」と聞かれたので「はい、いちおう！」と笑ったのですが、そのまま歩き出して工事現場に向かわれました。話したあとで本物だった、と気づきました。ひとりでめっちゃ恥ずかしかったです。

6月×日

8月からWOWOWで、『おしゃべりアラモード』という森山良子さんとの番組が始まります。ゲストを招いてのトーク番組、週一回放送なので、この機会にぜひご加入のご検討はいかがでしょう（宣伝多すぎ！）。

棒読みだが、ハキハキしてる『新婚さん』の謎

7月×日

『新婚さんいらっしゃい！』という番組、昔からすごく不思議です。どうして一般の新婚夫婦が、あんなに率直で赤裸々に明るく体験談を話せるものなのか。なんか、すごい無邪気なんですよね。時代が止まってるみたいな錯覚に陥ります。また、新婚さんのしゃべり方が、なぜか棒読みみたいな、文章を読んでるみたいなハキハキさで、やたら聞きやすいのです。「ハーイ、実は全員役者さんでした〜！　すべてヤラセだったのでした〜！」と言われたら、私は「だからか〜！」と安心、納得し、その日から安眠できそうです。

7月×日

私の芸能生活で一番長く続いているのは、このコラム、ＴＶＢｒｏｓ．での連載。以前はテレビ番組表がメインで、小さな文字のコラムがお楽しみについてくるオマケだったんだけど。しかし今はその逆で、キャラメルでいうならオマケのおもちゃがメインになって、主役の番組表がなくなっちゃった。なんだか意外と寂しい。番組を探すのはネットでもいいんだけど、たまには紙の番組表に見たいやつを赤ペンでチェックしたい。キャラメル8粒入ってたウチの1粒分くらいでいいから、ほんのちょぴっと番組表を復活させてくれないかな〜（チラ見）。

7月×日

80年代の映画『居酒屋兆治』を観ました。当時はヒット作で俳優陣も豪華でした。でもテーマはザ・不倫だったので驚きました。男くさい話だとばかり思ってたのです。主役の高倉健は、妻（加藤登紀子）がいる居酒屋の経営者。元恋人の大原麗子と再会し、ついまた恋に落ちますが、彼女は死んでしまうのです。と、ここまではいいのですが、ラストに、すべてを知ってるらしき加藤登紀子とよりを戻すのがなんとなくうやむやで、夫婦でお店に立って「いらっしゃいませ！」みたいなカンジで終わるのです。（奥さん、そこは何もなかった風でいいんですか？）と大きなお世話を焼きたくなりました。時代ですなあ。

山根元会長のしゃべりの遅さは、人を狂わせる？

8月×日

ボクシングの山根元会長のサングラス、大きな態度、電話待機時に流れるゴッドファーザーのテーマ……（こんな人物が本当にいたのか！）と、最近は気がつけばニュース映像ばかり観ています。世間はまだまだ驚きに満ちているものですなあ。また、私なんかは山根元会長の徹底したしゃべりの遅さに、（早くしゃべり終わらないかな〜！）とイライラきて、降参しそうになります。もうダメ、とシロハタ。あれを聞くのがイヤなあまりに、周りも（もういいや、カンロ飴置いとくか）と、ズブズブになっていったのではないでしょうか。人間、そんなところありそうですよ。怖いんじゃない。疲弊して従うという。粘り勝ち（勝ってないけど）。ニュースといえば、よく防犯訓練の映像で出てくる「さすまた」。「さすまた」って語感、古すぎていつも笑っちゃう、と思ってたら、江戸時代に開発されたものらしいですね。（刺す又＝刃物を持った相手と距離を置きながら安全に対応できる）と。今でも効果てきめん。防御だけであり、攻撃する武器ではないというところに日本人らしい配慮が感じられます。まあ、待ちなさい、落ち着きなさい、という棒。あんなどっかユーモラスな形なのに、あっという間に相手の身体があらがえなくなるのも不思議です。いざという時は、犯人もめっちゃ驚くんじゃないでしょうか。あれ？　みたいな。しかも取り押さえられた格好がものすごくミジメ。パタパタしながら（あっ！　や、め、ろ、よ～）という気持ち、見てるこちらにも痛いほど伝わってくる。辱め効果も強力です。イキってる人物ほど困惑しそう。「あいつ、しかも、さすまたで逮捕されたんだよな～」とヒソヒソ。こういう実例映像をどんどん流すだけで、（自分だけはああはなるまい）とかえって犯罪予防策になるかもしれません。

旅先で機転を利かせたはずだったけど……

9月×日

女友達3人でフィンランドに行ったときのことです。着いて5日目の夕方、タクシーの中で「今日は3人とも随分歩いて疲れたから、もう夕ごはんはスーパーで買ったもので済ませよう」という話になりました。若いドライバーさんに駅近くの大型スーパーのあたりで車を止めてもらい、「私たちの買い物が終わるまで待っててもらえますか？」とお願いしました。荷物も重かったので車に荷物を置いたまま、皆でタクシーを降りたのですが、その時、ふと一抹の不安がよぎりました。(万が一、ドライバーさんに荷物を全部盗まれたらどうする？　バッグには大切なものがいっぱいだ！)危険信号点滅。そこで私はとっさに二人にこう頼みました。「二人で行ってきてもらっていい？　私は一応残ってる」。自分でも、さすが年配者だな、と思いました。のんきな日本人は海外でよく狙われると聞きます。しっかりしてるわ、この判断。と、我ながら自分を褒めてあげたくなりました。しばらく車内にドライバーさんと二人っきり。シーン。すると、サイレンとともにパトカーが何台か集まってきました。あたりは何やら騒然とし始めています。雲行きが怪しいとはこのことか。人も走ったり叫んだりしてて、間違いなく不穏な雰囲気。ドライバーさんが説明してくれるには「どうやら地下鉄で人身事故があったみたいだ」とのこと。ついには何台か救急車もやってきました。その時です。いきなりドライバーさんが私のほうに振り向いて、こう言うではありませんか。「オレ、タバコが切れたから買ってくる。ちょっと出てっていい？」。（おいおい嘘だろ！）と思いましたが、人の心理とは複雑なもの。「もちろんです」と言葉が口から先に出てるではありませんか、本音と逆の言葉が。しばらく私は車内に一人ぼっちでお留守番となり、騒ぎが大きくなっていく街の光景を眺めながら、心細くも深く後悔してました。

チャラさは土壇場で威力を発揮する？

10月×日

昔からスキャンダルの中でも「遺産相続」という争いは、大概がとても面白いものでした。不倫と違って骨肉の争いがカネの一点に集中。めっちゃ下世話。中でも今回の平尾昌晃さんの三男は、彼が画面に出てくるたびに、顔から声から、そのしゃべり方から、感動するほどにチャラい印象を受け、私の悪い好奇心がさらに刺激されます。これが（ほー、こんなヒトがいた！）などと、今回の騒動とは〝別件〟として見入ってしまうほどよくできていて、誰に似たんだ！　です（よく知らないクセに）。普通なら、争っている平尾昌晃さんのマネージャーで後妻という女性こそ、世間から（うまくやりやがって！）と反発されそうなものなのに、逆に血がつながってる三男よりお金を大事にしてくれるのかも、とすら思えてくるような……。大きなお世話。そして〝チャラい〟といえば、脱走犯のヒダ容疑者。普通ならばおそらくこんなときは、うつむいたり表情を暗くしがちなのに、前向きで健康的な笑顔の写真。つられてこっちまで笑いそうになります。人生の土壇場というときだけは、小さなチャラさは大きな武器となるんですね。チャラさとは、つまるところ〝虚勢〟なのではないでしょうか。普通はそこを疎ましく思うものですが、しかしこれも自在に使えたならば、大いなる武装となれるのだ、ということが今回の事件でよくわかりました。自分を重くしっかり考えてたら、あそこまでは逃げきれまいて。って、まるでいつか脱走するつもりみたいな文章になってしまいました。

10月×日

『オールスター感謝祭』で隣の席が原口あきまささんと、いとうあさこさん。この二人がちょいちょい小声で私の揚げ足を取ってからかうので、「なんだその言い方、謝れ！」などと叱ってたら、前に座っていた俳優陣がときどき振り向き、明らかに（後輩たちがいじめられてかわいそう）な静かな目をしていました。違う！

男のファッションは、キマればキマるほど恥ずかしい？

11月×日

海外ロケへ。空港で待ち時間があり、（そうだ、たまにはスタッフからいい人と思われよう）と思いつき、おいしそうな和菓子1ケース・12個入りを買いました。現地に先に入った皆さんは、きっと日本の味に飢えているであろう。フフフ。ナイスアイデア。きっと喜ぶぞお～。「あんこだ、ワーイ！」なんてね。そうして到着した現地で「おーい、スタッフ何人いる～？」と上機嫌で聞いた私。「現地チームと、日本チーム合わせておよそ30人です」。全然足らない。出した途端に不公平。結局ひとつも出せずでした。

現地で出演してくださったご家族に、お礼と一緒にお渡ししちゃいました。どさくさ。こういうことってあるよね。テヘペロ（古い）。

11月×日

先日、キメッキメのファッションの男性を見ました。ファッション雑誌で見たようなジャケットに、パンツの丈もピッタリにあつらえたらしく、とても似合っています。そこに派手目な靴の配色もアクセントになっており、よく見れば指にはシルバーのリングが光り、ピアスも両耳に3カ所ずつくらいありました。おそらく、鏡の前で幾度か全身をチェックしなければ、ここまでトータルコーディネートできないであろう細やかさ。それなのになぜなのでしょうか。失礼ながら、キメッキメの男性って、急に田舎っぽく見えてしまったりしませんか？　あるいはその人のメンタルの弱さがぐっと匂い立ってしまうというか。洗練されたファッションであればあるほど、逆に絶対的な隠れ蓑や武装（負けてたまるか！）感が生じてしまうんですよね。これが女性だと同じキメッキメファッションでも、「オシャレ〜、お金あっていいな〜」で終わるのに、男性に限っては、なんとなく見てはいけないものを見ちゃった、という気がするの、ここだけの話ですがフシギですよね（※感想には個人差があります）。

エガちゃんって実はモテる要素で溢れてる！

12月×日

今年の『M-1グランプリ』、ものすごかったですね。誰もがビビり硬直する空気の中で、二人が息を合わせてただ一点、ふざけることに集中する。考えてみたらやってることはすごく変。変すぎます。こんな番組が成立するのは世界広しといえども日本だけではないでしょうか。国民として誇らしい、と思えるほどカンゲキしました。漫才ってこんなに底知れない、すごい世界なんだな〜、とおっかない気持ちになりつつも、ホンスジでないところの「テッテレー」コーナーを勝手に作ったスーパーマラドーナ・田中さんも優勝です。私はいつかそのうちこの番組が、大晦日の放送になってしまうんじゃなかろうか、と思いました。それほど国民的番組となりそうな輝きだったし、個人的にはこんな泣きたいような、うれしいような晴れがましい気持ちで新年を迎えられたらどんなに、と思いました。同時に出演者たちの大迷惑さたるや、いかばかりか。

12月×日

エガちゃんこと江頭2：50さんと、光浦靖子さんとでごはんを食べました。久々に会うエガちゃんを間近でまじまじよく見てみると、贅肉のない八頭身、寂しそうな眼差し、口下手、ストイックな姿勢、と本来なら男としてモテる要素で溢れています。実際に聞けば「オレ、あんがい高校時代はモテてた」とのこと。それも納得です。ではなぜ、いまだに抱かれたくない男に選ばれるのか？　考えました。答えは奇声。芸風だけど。もしあなたが「別れたいけど、相手がどうしても別れてくれない」など、お悩みがあるなら、たまに小さな奇声をあげてみてください。

12月×日

新年放送の『細野晴臣イエローマジックショー2』に弟と二人で出ます。私にとって初4Kの出演ですが、細部が見えるのは本当に困ります。こうして未来とうまくいかなくなるのでしょうか。まさに肌に合いません。ま、来年も、弟ともどもよろしくお願いします。

2019-2020

大好きな忌野清志郎さんのイベントや、念願の『松任谷由実のオールナイトニッポンGOLD』に出演できてうれしかったこのころ。ドラマ『ドクターX』の収録も思い出深い。28年続いたこの連載もついに終わるのですが、TV Bros.がうちのおじいちゃんとかぶって見えます。

ユーミンのモノマネで歌った『高輪ゲートウェイ』

1月×日

今年のお正月も、無事に武道館公演が終わりました。来てくださった皆さん、ありがとうございました！　この日は『紅白歌合戦』があった翌々日だったので、当然のようにネタはユーミン時間を延長気味に構成しました。実はその数日前、能町みね子さんのツイッターを見てたら、「高輪ゲートウェイ」のネーミングについての反対運動をされていて、その駅名の標識デザインにグッときました。眺めているうちに、これが駅にあったらと思うと本当にイヤな名前に思えてきて、私もしっかり署名しました。ついでに『中央フリーウェイ』を替え歌にした『高輪ゲートウェイ』(字あまり！)も早速作り、本番でも歌いました。もちろん紅白でのユーミンさまのセリフ「よかったら、一緒に歌ってね！」をいただきながら。今年も年頭から人のふんどしばかりですが、こんな私でも長年着用しているとしまいには嗅覚で「これも似合うんじゃないか？」と、どんなふんどしが似合うのかわかるようになってきてます。そう、年々、下着ドロボウの気持ちがよくわかるように……（わかるな）。

1月×日

NHK『シブ5時』のプロデューサーさんが「武道館、行きましたよ。自分でチケット取って」と言うので、「えー、どの辺に座ってましたか？」と聞いたら、ステージの斜め後ろ席で、ときどき私に懐中電灯で照らされ、からかわれたと言っておられ、大人として恥ずかしくなりました。

1月×日

知り合いが「4Kテレビに買い替えた」というので、ビックリしました。テレビって地デジ化で国民的に新しく替えたばかりでは？　と、ふと思ったのです。が、それももうかれこれ8年も前の話なのですね。4K専用のテレビ欄がすでに番組表にあるし、ドラマの世界なんかではもはや8Kで撮影しているという。なんだか自分だけ時代に取り残されていく気がしました。

光を差し込んだMr.シャチホコのアッコさんモノマネ

2月×日

友人4人でごはんに。ふとAちゃんが「餅つき機を持っている」と話し、なんだか笑ってしまった私。「なんで買ったの?」と聞いてしまい、その失礼さにみんなも笑ってたのですが、ちょっと同感だったらしく、便乗して「どこに売ってるの?」「何色してるの?」「達成感いつあるの?」「普段はどこにしまってるの?」「なんで今まで言わなかったの?」など質問攻めに。お餅がおいしく簡単に手に入る現代、私はいらないと思ってたのですが、Aちゃんの「みんなはつきたての味を知らないからだ」という言葉に、誰も敵いませんでした。私にとって買うほどでもない、レンタルもする気にはならない、生涯で一回だけ試してみたいマシンの第一位が餅つき機です。

2月×日

番組で何度かMr.シャチホコさんとご一緒しました。ずうっと聞いていたい、彼による和田アキ子さんのトークモノマネ。あのマイペースぶりをよく模倣してくださった。やっぱり私一人だけじゃなかったんだ、と孤独の洞窟から一筋の光が見えたかのような（一部大げさな表現が含まれています）。ツッコむほどでもないほんの小さなトゲトゲを、上手に抜いてもらってる快感。歌声をマネする人は多かったけど、おしゃべりの個性は今回が初めてじゃないでしょうか。同時に私は思いました。国民的な大スターはいろんな角度から何度でもおいしく味わえるのだなあと。

2月×日

ＷＯＷＯＷ『おしゃべりアラモード』で、平野レミさんとご一緒しました。あの話し方が今回もやっぱり面白く、私もつられてモノマネしながら話をし始めました。しかし、本人は一向に気がつきません。しばらく二人で「人の話を聞いてない人のトーク」が繰り広げられました。

ロケ中の良純さん、テンションの高さ徹子さん並み

3月×日

ＴＢＳ『ぴったんこカン・カン』のロケで、古舘伊知郎さんと石原良純さんと私で山口県は萩市へ出かけてきました。古舘さんが先生役で、生徒役の二人にいろいろ教えてくださるという設定なんだけど、カメラが回ってなくても良純さんがまるでガイドのように街のこと、歴史のことを説明してくれます。「この辺の道路事情はすごいんだよ。大臣いっぱい生み出してるから。スーッとまっすぐ行ける。ほらね」とか、「あっ！ほら、あそこに城！」など、黒柳徹子・男性バージョンのようにずうっと新鮮です。聞けば、もともと良純さんはロケなどで全国を飛び回るのが大好きなんだそうで、芸能の仕事がこれほど向いてる人もいないんじゃないかというくらいイキイキしてます。ところで萩市はさすが吉田松陰のお膝元、いくら歴史上の偉人でも呼び捨てなどはせず、しっかりお名前の語尾に「先生」とつけるのが当たり前で、「吉田松陰先生」と、尊敬と親しみの念が今も街に生きていて素晴らしいと思いました。それに比べると、良純さん

はときどき「石原軍団」のことを「軍団」と半分に短縮して呼んでおり、若干軽んじてるなとみなしました。

3月×日

スピリチュアルのＣＨＩＥちゃんとごはんを食べました。彼女はまだ20代なのに神秘的な能力に限らず、必ず何かの発見があっていちいちコメントが面白いのです。私が「こないだ〝若いですね〟と言われたんだけど、考えたら〝あなたは年相応ですね〟とは普通言わないんだよね」と言ったら、「大丈夫ですよ。終わりはあります。50、60、70代までです、ヒトから若いって思われるのは。80代は、どんな美女がどう若作りしてもお婆ちゃんにしか見えないようにできてませんか？」。うなりました。「（お婆ちゃんなのに）お若いですね」となるワケか。前置詞がつくんだな。前置詞て。

今観ると驚く名作『傷だらけの天使』あまりに自由すぎ！

4月×日

母の日が近づくにつれて、花屋さんの広告やチラシを多く目にするようになりました。母の日といえば赤いカーネーション。おそらく花言葉から来たものなのでしょうけど、この花言葉っていったい誰が、何のために作ったものなのでしょうか。ハッキリ言って、全然いらなくないですか？　読めば読むほどすごい曖昧なのです。花に引っかけてうまく表現された言葉というわけでも、この花を好きな人にありがちな傾向というのでもない。ましてや占いでもない。お見舞いや楽屋にこの花束を、と思ってふと花言葉を見て「苦悩、憎しみ」とか出てくると、（そんなつもりは）とぎょっとします。花言葉という言葉の響きが、いかにも可憐でロマンがあるだけで、中身がうやむやな案件が多すぎるのです。だいたい自然のものに言葉をつけようというそのコンタンも不自然。花言葉の花言葉こそ「適当」。花言葉撲滅委員会を発足します（嘘・大げさ）。

4月×日

萩原健一さんの追悼として、ドラマ『傷だらけの天使』が放送されてました。コンプライアンスギリギリの場面が多く、こんなに自由ですごいことやってたんだ、と懐かしさとともに驚きも走りました。なぜか雑音がハンパなく、バックの音楽も派手に入っているので、セリフが聞き取りにくく、何度か観直したりして。当時なんて、テレビのスピーカーの性能もよくはないだろうに、私はどうやって聞き取ってたのだろうか。いや、セリフよりもあのパワーに酔ってたんでしょうなあ。

4月×日

『オールスター感謝祭』に出ました。隣の席だった神奈月さんと「モノマネする人、なぜか東海地方出身者が多い」という話に。コージー冨田さん、Mr.シャチホコさんは愛知、私と神奈月さんは岐阜、ハリウッドザコシショウは静岡。ザコシショウ、モノマネでいいのか。いいのだ。

『帰れない二人』を日比谷野音で歌ってきました!

5月×日

日比谷野外音楽堂で先日開催された『忌野清志郎ロックン・ロール・ショー～FINAL～』の出演依頼がありました。や、や、やったー! 二つ返事で、食い気味に「やるやる出る出る」と平野レミさんのようにまくしたてました。清志郎さんは10代のころから深く影響されたミュージシャンなので、喜びが違う、意味が違う、思いが違う、の三連符。

しかも、矢野顕子さんもご出演になるということで、LINEで「それなら、矢野さんの『ひとつだけ(清志郎さんと矢野さんがデュエットなさっていた曲)』を二人で歌いましょうよ。FINALだし、お客さんに喜ばれるかも!」となり、なりきるつもりでいっそうワクワクでしたが、今回はご本人の作品限定とのことでそれは叶いませんでした。残念。

『スローバラード』も歌いたいミュージシャンがさすがに多数らしいし、どうしようかな、と楽曲を探っていくうちに『帰れない二人』を発見。おお、こんな名曲をなんで今まで気がつかなかったのだ。この曲は1番の歌詞は井上陽水さん、2番の歌詞は清志郎さんが書き、曲は二人の合作。当日までピアノを練習しつつ、本番で二人分を歌わせてもらいました。ドキドキ。実はこういう場所でのモノマネって案外難しく、客席はデリカシーの塊のようで、イラッときやすくもあるのです。しかし、内的なものは率直に伝わるらしく、途中で歌いながら（おお、信頼関係でつながってる！）と心でガッツポーズ。快感。ファン同士なんだからつながらないわけはないよね〜、とあとになってから急に思えてきたりして。

廊下では宮藤官九郎さんらが、タイマーズのガテン系の服とサングラスで怪しげに出番を待ってて、危うく警備さんを呼びたくなりました。大人計画のライブの廊下でバッタリ会ったときは女装してた宮藤さん。まるでいつもコスプレ中みたいでおかしかったです。（違うよ！）

飛騨は高山駅前の四つ角から来ましたモノマネ姉弟です

6月×日

岐阜県高山市の実家に帰り、父の墓参りへ。夜は同級生らとごはんを食べました。私の家は角地にあり、今も弟がジャズ喫茶を経営しているのですが、その真ん前には、老舗で立派な理容室「ホービ」があります。そしてそこで長年ご活躍なさっている理容師さんが、なんと流れ星・瀧上さんのお父さんでいらっしゃるのだとか。すごい偶然。高山の友人が「駅前の四つ角から、二人も芸人を出した。笑いの四つ角や」と笑ってました。くくりが雑！　翌日は実家で弟と、リハーサルをしました。というのも翌週、福岡のフェス『ＣＩＲＣＬＥ'19』に招かれていたからです。細野晴臣さんがトリのフェスで、なんと私の弟にも直々に正式なオファーがあり、喜んで！　と姉弟揃って出演。私の矢野顕子さんモノマネと、弟による細野さんのマネ（本物出るってのに）で揃って歌いました。珍味。あとで弟に「あんなに近くにお客さんの顔があって、あがらなかった？」と聞くと「全然大丈夫」。平然と答える最強の素人。打ち上げではしっかり細野さんと乾杯もでき、姉の七光りを享受（↑本人談）してました。

6月×日

澤穂希さん、木村佳乃さん、MISIAさんとの4人で、イタリアンへ。みんなサバサバと気さくで楽ちんですが、職種はバラバラ。ふと、話題がオリンピックの流れになったら、澤さんが「あの〜、オリンピックのチケットなら持ってないからね、私」と早めに言ったのに笑いました。しょっちゅう「どうなんだ?」「あんだろ?」などとヒジで突かれているのでしょうか。それでも私は「1枚くらい、いいじゃん」と、もう一押ししときました。

6月×日

いつまで通うのか、と思いつつ、歯医者さんに通ってる私。先日テレビで虫歯対策の歯みがきの仕方をやってました。なんと磨いたあと、水で「ゆすがない」が一番だそうですね。オドロキ!

レミさんに質問、大根おろしの大根が小さくなったら?

7月×日
NHK『シブ5時』で、悩み相談コーナーの司会を担当してます。先日はゲストが藤井隆さんでしたが、私には「NHKに出てる藤井隆」がいつもおかしく見えます。なぜなら気のせいか、そういうNHK用の被り物をつけてるように見えるからなのです。この日も上手に被ってましたが、数日分まとめての収録なので、だんだん剝がれ気味になってたのがさらに面白かったです。

7月×日
こないだ番組の料理コーナーを観てたら、DAIGOさんが「大根おろしを作るとき、大根が小さくなると指をケガしちゃいそうです。どうしたらいいですか?」と聞いてました。料理のプロが喜びそうな質問です。「おろし金を逆に置いて擦ってみる」とか、「残りは包丁で刻んで」とか言うのかな。しかし、答えたのは平野レミさんで、ズバリさすがでした。「そんなの捨てちゃえばいいんじゃない？」。斬新。テレビで聞いたことがない答えに、梅雨の憂さが吹っ飛びました。

7月×日

ときどきネットで犬の動画を観てます。特に飼い主が旅行から帰宅したときに、爆発的に喜ぶ姿など、（そんなにうれしいの！　よかったなあ！）と泣きそうになります。しっぽがついてたら、私のはちぎれてます。しかし、そんな中で私が嫌いな犬モノは、おやつとかをジリジリとガマンさせるヤツ。「ステ〜イ？」とか言って。「ステイ」に「？」をつけて「落ち着いて〜、よく聞いて〜」みたいなニュアンスのあの言い方。いったいどこが楽しくて撮影までしてるのか。一生懸命なその姿が、飼い主には（かわいい）と思えるらしいのですが、他人から見ると、かわいそうやんけ！　と腹が立ってきます。でもなんで私はガルガルと怒りまで感じてるのか？　と考えてみたら、おそらく性格がせっかちだからでした。（早く食わせろよ！）と咆哮したくなるのです。私にとって世界一嫌いな言葉は「ステ〜イ？」です。絶対これで声かけないでね。返事もね。

天本英世さんが愛してやまない国、スペインへ

8月×日

夏休み、スペインに行ってきました。最も行ってみたかった国、スペイン。行ってみたかった気持ちがすぎるがゆえ、逆になぜか（一生無理なんじゃないか）と思ってました。なぜそれほどに行きたかったかというと、ずっと昔、俳優の（仮面ライダー・死神博士役でも有名な）天本英世さんとNHKのレギュラー番組でご一緒したことがあったのですが、今の私が年下の方に対してそうであるように、当時は年の離れた私に（あなたはお若いからきっと私のことなど、敬遠しながらお付き合いなさってるのでしょうね）というような距離が感じられました。しかし、ふとスペインの話になると、ただごとじゃない目つきで熱く語り始め、（時間が足りない、いったいどうしたらあなたにわかってもらえるだろうか）といった風で、静かなる情熱を感じたのです。あとからわかったのですが、天本さんは、スペイン関係の著書も多く、民俗音楽に関しては日本で屈指のレコード・コレクションを持つ存在であり、「私は、スペインで死にたい。20回も

訪ねて歩きまわった大好きなスペインで死にたい」とおっしゃっていたほどだったのでした。もしかしたら天本さんの魂は、スペインにいらっしゃったのでしょうか。実際、私も行ってみたらすっかりハマりました。まずいレストランは存在するのか？　と聞きたくなるほど、どんな安いお店に入っても確実においしいものが出てきます。景色もきれいで、建築物が美しく、日本人好みのちょっと悲しげな旋律の音楽も街に似合います。そしてなんといっても日本人のことを嫌いじゃない。むしろ好感度が高いみたいで、よく話しかけてくれます。話が通じにくいとわかると、私のケータイのアプリを使って、日本語に通訳してくれたりするのです。フラメンコも堪能しました。後半グッときてたら、ダンサーの皆さんに踊るように促され、あっさり前に出されて踊ってたというオチまでついてしまいました。

念願のあのラジオ番組についに出ました!!

9月×日

『松任谷由実のオールナイトニッポンＧＯＬＤ』の生放送にゲストで出ました。ついに！　です。うれしかったな～！　生きててよかったあ～！　ずっと昔、「山田邦子のモノマネには愛があるけど、清水ミチコからは毒を感じます」とズバリおっしゃってたユーミン様。こういうところもファンなのです。常に率直。そしてその話になったら、「でもさ、清水さんはそれを聞いてうれしかったんじゃない？」と、またズバリの一言。姫様は婆の心を読まれてましたか。そうなんです。おいしい、と思っておりました。これからも第一線で、私の一番のおいしい金ヅルでいてくださいますように（↑毒）。モノマネの被害者と加害者が一緒に並んで笑ってる！　と、喜んでたその翌週、森山良子さんと私の二人で、アートネイチャーの女性用ウイッグ「フリーディア」のCM撮影がありました。なんと列車を1両丸ごと貸し切って、移動する車内での撮影だったのですが、お天気にも恵まれ、まさにネイチャーな山の景色も美しかったです。聴こえてくる音はもちろん、ざわわ・ざわわ（↑毒2）。

9月×日

10月から始まるテレ朝のドラマ『ドクターX ～外科医・大門未知子～』にレギュラーで出ることになりました。私は内科の女医さん役なのですが、NOT・JOYという役どころでもあり、ただでさえセリフを覚えるのが得意じゃないのに、難しい医学系の専門用語が大量にツラツラと出てくるのです。これを普段から使ってる言葉のように身につけて、一夜漬けのセリフに聞こえないようにしようと、数週間前から紙に大きく書いた医学用語のセリフを家中の壁に張り出していました。真面目か。なので、ウチはまるで「医学に対しての何かの思想があって断固反対してる人の家（やや変人）」のようになってきています。インテリア台無し。大きく書かれた文字ってものは、得体の知れないパワーが出るものなんだなあ、とよくわかりました。

実在して驚いた！　①菓子折りの札束　②泳いでる野生イカ

10月×日

『ドクターX　～外科医・大門未知子～』の収録の日々です。朝が早いけど、現場にはいつも緊張と緩和があって、だんだんと面白くなってきてます。私も観てたこのドラマシリーズには、たまに悪だくみを象徴する「お菓子の箱を差し出すと、実はその箱の底には札束がギッシリ隠されていた」なんてシーンがありました。そのころはさすがドラマだなあ、などと現実的にはありえない光景だと思って見ていたのですが、最近の関西電力の事件発覚で、お菓子の箱の中に、本当に金の延べ棒みたいなのが入ってたのにびっくりしました。実際にあるんだ。すごい思考ですよね。ナマナマしさを軽減しようとして、ああいう形に落ち着いたのでしょうか。たとえが変だけど、ずっと昔、私がスキューバダイビングで海に潜ったとき、どんなきれいな魚たちより、イカを見たときの仰天に似ています。こんなところに本当にいるんだ！　みたいな。食品じゃなくて、生物として普通に泳いでるなんて！　という驚き。目の当たりにした！　みたいな。たとえがヘタすぎましたか。

10月×日

『オールスター感謝祭』に出ました。ヌルヌルローションたっぷりの細長いマットを走り切れるか？　という、すごい企画がありました。足がマットから出て地面についてしまったら負けになります。転倒してしまう芸人さんが続出の中、ユーチューバー「フィッシャーズ」のぺけたんさんがあっさり爽快な走りを見せたあと、なんとあの世界の王者、ベン・ジョンソンが登場しました。当然、会場は一番盛り上がりました。ドキドキ。

しかもスタートを切ると意外と慎重すぎる遅さ。笑った。ベン、走らないんだ。BEN NOT RUN. しかも最後はしっかり足が地面についてるのに、走り切った、みたいな表情をしてました。そっちの表情は早かった。それにしてもローションですべってコケるのを見て笑うたび、自分でも何がこんなにおかしいのか、理由を知りたくなります。結果がわかってるのに。昔からバナナですべって転ぶみたいなのが、いまだにテッパンにウケてるってことなんですもんね。すご一く不思議です。

忘れられない、Apple Watchおばちゃんの指圧

11月×日

今年も私のライブツアーがありました。初日は名古屋からで2本目が大阪だったのですが、新幹線のホームでアントニオ猪木さんによく似た方を見かけました。と同時に、近くにいた女性が「あれ、間違いなくアントニオ猪木だよ！　赤いマフラーでアゴ隠してたもん！」と、隣の男性に言ってたので間違いはなさそうです。アゴはマフラーで隠しきれてたのでしょうか？　確認するのを忘れました。

大阪で泊まったホテルでお願いした、マッサージのおばちゃんも忘れられません。「あんた、大阪で何食べたいん?」と言うので、「お好み焼きと……」と言いかけると、「わっからんわあ〜。うち、粉もん苦手や」と言うので驚きました。「大阪暮らしなのにもったいない。じゃあ、たこ焼きも嫌いなんですか?」「うん、嫌い。歯にくっつくもん。うどんとかな、そばとかも。あんなん食べるくらいならお昼抜きでええ言うてんねん。ごはんなら好きや。サトウのごはんな。でも朝だけは毎日マクドで朝マック。朝マックのパンはええねん。くっつかへん」とのことでした。

話のテンポがいいのでお若いのかと思ってたら、なんと御年80歳だそうで、また私が驚いていると「若い若いよう言われるよ。昼はジム行って筋トレしてきたしな。今日なんかバーベルに片方3kgずつつけたわ。夕方は英会話習って、そんで夜はマッサージの仕事やろ。待ってる時間にもCNNのラジオ聴いてんねんで。あれええで」とのこと。すごく仲のよかった旦那さんが亡くなり、泣いてばっかりの日々だったのが、このままではいけない、もっと強く、そしてボケないように生きなければ、と60歳のときに決心したんだそう。身体に筋肉がついてくるのがわかると、自信も明るさも「タダでついてきてた」んだそうです。大阪すげえ。片手に光るApple Watchを見せてくれ、これがいかに便利かも教わりました。

長髪だと紅白に出られなかった！　厳しい昔のＮＨＫ

12月×日

テレ朝『ドクターX ～外科医・大門未知子～』の撮影で、西田敏行さんとメイク室で背中合わせで待機していたときのこと。いつも機嫌のいい西田さんですが、結構長い待ち時間に「はあー、退屈だなあ」と椅子に座ってグルグルしながら、ご自身のマネージャーさんに「ねえねえ、なんか面白い話ないのおー？」とのんきに話しかけてました。私は内心（そんなこと急に言われたって、はい、ちょうどございますと言う人はいまいて）と思ってたら、マネージャーさんが「あっ。僕ありますね」と言うではないですか。意外。聞いた西田さんも驚いたらしく「えっ、あるの？」ともう一度聞き返して、私もしっかり振り返りました。「実は昨日ですね、六本木でアーノルド・シュワルツェネッガーさんが、ニコニコしながら自転車に乗ってたのを見たんです」とのこと。「えー、キミそれ本当？　間違いじゃないのお？　だって乗るかなあ、日本にやってきてさあ。

自転車にわざわざ乗るぅ?」「僕もまさかと思ってたんですけど、さっきテレビで『シュワルツェネッガーさんは自転車が大好きで、東京でも乗るんです』って言ってたんで多分間違いないです!」だそうです。私は笑いながら「何でも聞いてみるもんですねえ」と感心してしまいました。そのあと岸部一徳さんも到着し、みんなでザ・タイガース時代の話になったのですが、尋常じゃなく忙しいあの時期、「紅白は何度くらい出られたのですか?」と誰かが聞くと、「昔のNHKは、長髪は不良だからと一回も出してもらえなかった。テンプターズもスパイダースも」とのことで、そうだったなあ、と懐かしく思い出しました。ブルー・コメッツは長髪ではないとのことで出られたのですが、小学生だった私はなんだかちょっと物足りなく思ってました。それにしても髪の長さで判断してたなんて、すごい時代ですよね。

お正月にオットの実家で義母からお願いされたこと

1月×日

年末は、幕張でのフェス『COUNTDOWN JAPAN』に出てきました。80

00人キャパの体育館みたいな大きなホールで、お客さんが集まってくれるのかと若干心配でしたが、えらいもんでいっぱいではありませんか。すっかり上機嫌で笑いました（笑わせろよ）。ところで、最近フェス自体がどんどん増えているんだそうですね。最近の若い人は映画の2時間ほどですら長すぎる、と感じてるのだそうです。携帯も映画が終わればすぐに点けるのではなく、途中でガマンできずに点けてる人も増えてるのだとか。しかしフェスなら、よほどの大物でもない限り、1アーティストにつきおよそ30～40分ほどで終わるようにできています。つまらなかったら途中で別の場所に移動しちゃえる。合理的といえばこれほど合理的なライブはないわけですね。そのせいでしょうか。いつか、出演者の若い女の子がマネージャーらしき人から「MCは短めにしなきゃダメ。話が長いだけでお客が流れていっちゃってた」とダメ出しされているのを背中で聞いてしまいました。私もキモに銘じました（おまえはどっちでもいい！）。

1月×日

去年のこと、ある俳優さんが亡くなったとき、大物タレントさんが「またこれで私の携帯の中からひとり、名前が消えてなくなると思うと寂しい」と言ってました。私はちょっとびっくりして、(何も消さなくても、しばらくそのままでいいじゃないのか。それとも普通は消しているものなのかな)と、なんとなく思ってたのですが、お正月にオットの実家に行き、その理由が見えました。というのは、義母から「悪いんだけど、私の携帯から何十人かの連絡先を削除してもらえる?」と言われたのですが、「なんで消したいの?」と聞いたら「だって、スクロールするたびに故人だらけなんだもの」とのことだったのです。つまり人間、ある年齢を超えると、故人がハンパなく増えてくるらしいのでした。知人の連絡先の数と年齢は反比例するんだとわかりました。

沢口靖子さんにお会いしました、2日連続(?)で

2月×日

光浦靖子さん主催の渋谷でのクラブイベント『節分フェス2020』に出てきました。私は一曲歌うついでに、節分について説教する瀬戸内寂聴をサービス(↑適当)。客席もずうっと盛り上がってて、出るほうもすっかり楽しみました。芸人が多数出演だったんだけど、沢口靖子さんのモノマネでも有名なメルヘン須長さんとも楽屋でご一緒しま

した。その翌日、私はたまたまテレ朝のドラマの収録で、沢口靖子さんご本人とお会いしたのでなんだかお得感。連チャンでのリッツパーティでした（違うだろ！）。そのドラマは京都での撮影だったのですが、私と沢口靖子さんは30年ほど前、フジテレビの『さよなら李香蘭』というドラマの共演以来でした。「30年前、一緒に行った中国ロケ、覚えてますか？」「天安門事件の1週間前だったから、街中が緊迫してて、忘れられないよね」と、トーク内容は完全に歴史的。それなのにご本人はちっとも変わらず、透明感と可憐さが昔と同じでいらっしゃいました。若作りもしてないのに、なぜだ、いったいどんなクリームを塗っているんだ、何万円するんだ、と若干やっかみながら対峙しました。

2月×日

中国といえば新型コロナウイルスのニュースでもちきりで、今やちょっと咳をしただけでもなんだかハッと警戒されそうです。ところでウイルス感染について、私はこう提案したいです。「あり＝陽性」「なし＝陰性」という言い方を、いつか逆にするべきではないかと。「検査の結果、あなたは陽性でした」と言われた場合、私は一瞬「やった！」

と勘違いしてしまいます。しかし、すぐに逆の意味だと悟る。いつもニュースで陽性だの陰性だのと聞くたびに、（イメージを逆にする）と、一度頭の中で転換させるのがそろそろわずらわしくなってきました（慣れろよ）。

サブカル・ジャングルジム、ＴＶ Ｂｒｏｓ.

４月×日

昭和、平成、令和と連載を続けてきた「ＴＶ Ｂｒｏｓ.」が、いわゆる定期の雑誌としては最終号になってしまいました。振り返ってみると、手書きでの原稿用紙時代から、ワープロで打ち、印刷してからのＦＡＸ送信になり、メール送信へと、執筆方法の変化も体感してきた私にとって、「歴史に幕を閉じる」という気持ちを、身をもって実感している次第です。ブロスは、昔からとてもとても好きな雑誌でした。外ヅラはよろしくはないのに、内向的な軽さや、おかしみがあったのです。だってテレビ雑誌といえば、普通は芸能人を褒めそやして当たり前だし、そうしなければ出版しづらいものなのに、俳優や歌手をおちょくってみたり、コメンテーターの言葉尻など、重箱の隅をつついてはウッシャッシャと、バカみたいに遊んでるようなところがありました。そこがちょっと私の芸風にも似ていて、この少年とは波長が合うんだよなあ、と思ってたので、忘れもしない、原宿のカフェで当時の担当者さんから連載の依頼を受けたときはすごくうれしかったものです。あのサブカル・ジャングルジムに参加できるんだ！　って。子供っぽさと、わけのわからないテキトーにクルッと作られたようなあの感じ。そういえばジャングルジムの最終的な遊びの頂点って、どこにあったのでしょうか。いまだにわかりません。でも、ここ最近は「そうもしてられないっしょ」というカンジで、彼は社会人になってきました。第二章・成長。紙質のいいカラーページが増え（昔はほとんどのページがワラ半紙みたいで吸水性すらあった）、値段までいい男風になってきました。おまえはハンサムか！　思えば私のおじいちゃんは、戦死する仲間が多い時代に、ひとりだけハチにさされて死んでしまい、葬式で浮いてたそうです。このブロスも、コロナウイルスで大変な時期に、全然関係ないところで雑誌生命を全うしてしまうのか、と思うと、自分との運命的な共通項をうっすら勝手に感じました。長い間ご愛読くださった皆さん、ブロススタッフの皆さん、本当にどうもありがとうございました。

あとがき

　この本を出版できた記念すべき２０２０年は、あっという間にいろんなものが一変した年でしたが、私にとってもまた、「ＴＶ Ｂｒｏｓ．」での連載という、切磋琢磨できる貴重な現場が終わってしまった年でもありました。

　そうそう面白いことなど起こらないのが日常ですが、たとえほかの原稿の締め切りが目の前に迫っていたとしても、驚いたことや面白いことがあった日は、（ほかに書かず、ブロス用に取っておく！）と日々メモしてきました。ブロスには面白い執筆者がたくさんいたので、少しでも見劣りしないようにしてたんですね。なくなって初めて、ありがたかったな、という感謝の気持ちが湧いてきました。

　特に、私が原稿を書けば、わざわざ感想を書いて送ってくれた編集者の木下さん、本当に長い間ありがとう。励みになりました。また、毎回私をかわいく明るく描いてくださったイラストレーターの松岡コージさん、ありがとうございました。掲載日のごほうびをもらえたような気がしておりました。

おや？　なんかこうやって書くとまるで遺書みたいになってきちゃった。街で会ったとき「あれ？　生きてる」と指差さないように。
でも、一番感謝したいのはこの『私のテレビ日記』を手に取り、読んでくださったあなたです。読者と呼ばせてください（うれしくない）（全然伝わらない）。本当にありがとうございました。

２０２０年12月

清水ミチコ

文庫版あとがき

おかげさまで今回、文庫本になってまた生まれ変わった『私のテレビ日記』。手にとってくださり、本当にありがとうございます。

高校時代から、頼まれてもいないのにエッセイというものを勝手に書き始めてた私にとって、本になるなんてことは夢のまた夢でしたので、嬉しさはひとしおです。どんどん書きたい。これからも無責任に、思ったことをどんどん文字にしていきたいです。なんと言っても本のいいところは口がすべったり、言いすぎたとしても、なぜかあんまり人を怒らせないところ。ネット記事だとちょっとした書き間違いですら、ソッコーでネチネチ怒られるのに、です。

きっとスマホの発光体を通して目に映る文字には、人をイライラさせる怒りの分子のような成分が潜んでいるのだと思います。ネットの文章が、人と人をつなぐようでいて、嫌悪させたり分断させがちなのは、全てその成分のせいらしいのです。大きな悪意が電子文字に隠されていたという陰謀論は、海外でもすでにささやかれています。嘘ですけど。

またこうして、本音と嘘をまぜこぜにした私の文が、本となって生まれますように。

お読みいただきありがとうございました。

清水ミチコ

本文デザイン　bookwall
本文イラスト　松岡コージ

この作品は二〇二〇年十二月東京ニュース通信社より刊行されたものです。
JASRAC 出 2300262-301

私《わたし》のテレビ日記《にっき》

清水《しみず》ミチコ

令和5年3月10日　初版発行

発行人――石原正康
編集人――高部真人
発行所――株式会社幻冬舎
〒151-0051東京都渋谷区千駄ヶ谷4-9-7
電話　03(5411)6222(営業)
　　　03(5411)6211(編集)
公式HP　https://www.gentosha.co.jp/
印刷・製本―株式会社　光邦
装丁者――高橋雅之

検印廃止

幻冬舎文庫

ISBN978-4-344-43279-6　C0195　し-31-4